問學

丛书编委会

书山有道

张 剑 著

浙江古籍出版社

图书在版编目（CIP）数据

书山有道 / 张剑著 . -- 杭州 : 浙江古籍出版社，2023.7

（问学）

ISBN 978-7-5540-2634-2

Ⅰ . ①书… Ⅱ . ①张… Ⅲ . ①书评—中国—现代—选集 Ⅳ . ① G236

中国国家版本馆 CIP 数据核字（2023）第 101740 号

问 学

书山有道

张 剑 著

出版发行 浙江古籍出版社

（杭州体育场路 347 号 电话：0571-85068292）

网　　址 https://zjgj.zjcbcm.com

责任编辑 路 伟

封面设计 吴思璐

责任校对 吴颖胤

责任印务 楼浩凯

照　　排 浙江时代出版服务有限公司

印　　刷 浙江海虹彩色印务有限公司

开　　本 787mm × 1092mm 1/32

印　　张 9.125

字　　数 181 千字

版　　次 2023 年 7 月第 1 版

印　　次 2023 年 7 月第 1 次印刷

书　　号 ISBN 978-7-5540-2634-2

定　　价 55.00 元

序

书籍是人类进步的阶梯，是问学途中的导航。本书所收，皆为昔日学习师友著述后的收获，并以书评形式发表于各种报刊，兹选为一集，意在表明这些著述对求学者的进阶之用，兼申自己求学路上屡受教益之谢忱，故名其曰“书山有道”。

最早的一篇，是评金克木先生的《梵竺庐集》，该书1999年由江西教育出版社出版后不久，参与整理工作的友人陈宇红（巫昂）托我撰写评论，成稿后我以合作署名方式交她转给《中华读书报》。但久未得回音，以为将覆瓿矣，心有不甘，遂重加删改，题为“《梵竺庐集》中的三昧人生”，刊于2000年8月4日的《人民政协报》。不意11月29日《中华读书报》又将全文刊出，署名中不见宇红，当是她不愿掠人之美故意删去，然文中“笔者之一”云云仍指其而言。今检出此稿，略述本事，以志友朋之助益。

最近的一篇，是评周裕锴先生的《石门文字禅校注》，该书沉潜二十年始杀青，校勘注释多有发覆之功，对惠洪诗文的出处、佛禅人物及语汇的考证，尤见深厚功力。我认真阅读两个月始动笔，初稿上万字，后精简至5000馀字，发表于《中华读书报》，聊示我对真学者、真学问的敬重。裕锴先生自号梦蝶居士，浮名不萦于心，故有传世之著。学人于此，可发一慨。

问学途中，给人力量、启人向上的是那些好书，我想将它们的价值尽力呈现出来。因此凡以指摘毛病为主，将无价值之处撕破给人看的书评，此次皆未收入。访谈四篇，是个人学术生命的阶段性总结，愚者千虑，或有一得，故编入附录。

承浙江古籍出版社王旭斌社长厚爱，将本书列入“问学”丛书系列，使我得附骥于素所仰慕的诸先生之后，既觉荣幸，更感惕厉。问学之途，岂有止境乎！

张　剑

2022年1月19日

目录

CONTENTS

附录：访谈四篇

槛外有情
——金克木和他的《梵竺庐集》

在当今老一代学人中，能够不断学习新的科学成果并将之系统运用于研究对象中去的人我知道的有两位，一位是郑敏先生，另一位是金克木先生。比较而言，金先生的研究更杂博，更为触类旁通，这从先生历年来在《读书》杂志中发表的文章即可感知，这些文章涉及了诠释学、符号学、信息美学、比较文化学、格式塔心理学、文艺地域学、技术哲学等领域。当然先生并非一味求新，而是用现代科学知识对传统文化进行新的阐释和批判，是一种“旧学新知”。另外，先生兼通东方和西方文化，历来坚持“人类古今文化互有关联的看法”（《印度文化论丛·自序》）。因此在先生笔下，不管是他所推崇的孔子、《大学》，还是所批判的三寸金莲，八股文，都能够贯通古今中外，使其在科学理性光辉的照耀下具有了新的意义和价值。

先生治学还有一突出特点，那就是重视原典文献。他在《印度文化论丛》自序里曾说："我尽量探寻原始资料，核对本来面目。我对印度古代文献当初一开始涉猎，就感觉到原来自以为知道的多不可靠，而许多常见到的表述又往往同实际情况不尽符合。"本来重复别人就是没有生命力的表现，况且拾人牙慧又容易以讹传讹，这些都是先生决不肯为的。

先生的这些治学特点，在他新近结集出版的《梵竺庐集》中都有或多或少的体现，该书分三集，都是翻译或研究印度文化的文章，依内容分为甲乙丙三卷，每卷相对集中一个主题。

甲卷名之曰《梵语文学史》，《梵语文学史》是我国第一部对印度个别语言的文学史研究专著，为印度文学史的整体研究架上了一座桥梁。古代印度学问以口传为主，派别繁多，字体复杂，且带有世代积累性特点，文本及其作者的断代工作很难理出一个清晰线索。金先生打破了传统文学史研究的"时代—作家—作品—评价"的模式，而是按照作品的内容和类型将古代印度文学划为《吠陀本集》、史诗、古典文学三个时代来论述。既避免了将文学史写成繁琐的文献考证史，又使文学史研究直接切入了文学本身。甲卷还收录有《古代印度文艺理论五篇》，可视为《梵语文学史》的补充，有利于我们从文学作品和文学理论两个角度更为全面地了解古代印度文学。甲卷中所有译文，除《法句经》《妙法莲花经》《佛所行赞》用了古代旧译文以外，皆为先生直接从原文翻译的。

乙卷名之曰《天竺诗文》，诗的部分是先生关于印度古诗的选译，既有印度最古老的文献《吠陀》中的诗篇，又有与《罗摩衍那》并称印度两大史诗的《摩诃婆罗多》中的著名插话；既有《法句经》《嘉言集》等格言诗中的部分作品，又有《云使》这样的抒情诗杰作。都是从一千年以前的吠陀语、梵语、巴利语文学作品中选译的最具有代表性的古诗。文的部分收录有《天竺旧事》《中印人民友谊史话》《甘地论》和一篇译作——泰戈尔《我的童年》。其中《天竺旧事》共十五篇文章，六万字，是先生对数十年前在印度居留时的零星回忆，最能代表先生触类旁通、深入浅出的杂文风格。如《现代三大士》一文中，讲迦波叶大士讲解《奥义书十种》一段：

> 他讲得很快，主要是讲解词句，不发挥，不讨论内容。讲书常有口头习惯语，不久就熟悉了。“懂了吗？”“应当这样理解（如是知）”“所以这样说。”“为什么？（何以故）”等等。讲书也有个框架结构，一段段都大致相仿，不久也听惯了。一对照原书的古注，再查看玄奘等译的经疏，恍然大悟，悟出了古今中外的一致性，仿佛在黑暗中瞥见了一线光明，感到这些都不能完全脱离口头语言习惯。

先生特别重视语言现象，认为语言中自有哲学思想在，他的大部分文章，都是从语言研究开始的。难得的是他能够在日常生活的行为语言中，悟出学术研究的深奥哲理来，让人如沐春风，又如醍醐灌顶。

丙卷名之曰《梵佛探》，所收 24 篇文章皆为先生研究古代印度文化的心血结晶。所论多与汉文化相比较而得，为他人所未道。如认为古印度人重声音，因此从语音表现的词搜查语根、分析语法、建立结构体系，不同于中国重形象，以字为词，是以形象为主的文字网络系统（《梵语语法理论的根本问题》）。认为汉语中的“在”只表示时空中特定的坐标，而古印度语中的“在”则有抽象的、静止的、绝对的存在和具体的、变动的、相对的存在之分。从而使“声有常”和“声无常”成为古印度哲学中的一个争论焦点（《试论梵语中的“有——存在”》）。由语言到语言哲学，进而再到思想文化，所论甚小，而所见极大。

再如先生认为“艳情”在中国诗中为低级，在印度诗中为高级，因为印度诗人是将对神的虔信和男女爱情合为一谈的（《略论印度美学思想》）。认为中国战国至魏晋盛行的对话文体、骈偶音调、排比夸张手法的赋体形式是与梵文相通的文体，这大概是“印度佛典传入中国后，从文体上说，翻译接枝能开花结果，为上下各色人等所接受的原因”；并指出只要熟悉了古代文体的格式、节奏、语气虚词等，就能破除阅读障碍（《怎样读汉译佛典——略介鸠摩罗什兼谈文体》）。认为《心经》可以用现代思想和知识及语言来理解，《心经》中所说的“空”，就像数码之下都是零式的空，虽空却并非没有。通过修行达到这个零位，即从显意识通到了潜意识并能全面自觉认识并支配统一显潜双重意识的人就达到了最高的心理境界，也即佛家所说的转识成智了（《〈心经〉现代一解》）。虽说所未必尽确，却显现了先生科学的态度和将各种文化互相打通的努力。另外，这些文章中所引的各种印度文献，基本上是先生直接从印度古文（梵语）中译出的。可以说，《梵佛探》是先生重视原典和独创性、联系性治学主张的集中体现。

先生其文所知者甚多，先生其人所知者却甚少，这源于先生很少谈论自己，也很少接受别人采访。

要去探访先生，不是一件易事，与当年人们硬要去寻找自讽为“下蛋的母鸡”的钱锺书先生一样困难。笔者之一曾经参与过编辑整理金老先生的一套《梵佛庐集》，编书一年间，却从未与先生谋面，资料往来，问题疑点，全仰仗金先生的一位朋友，《法音》杂志的桑吉扎西先生传递，从桑吉扎西先生口中，隐约听闻先生的一些消息，无限敬仰之后，又有些未解的遗憾。但先生年事已高，我们实在不忍以俗务去扰他的清宁。而且我们实际上也知道一些关于先生性情的传言，先生不爱开会，哪怕是十分重要的大会，他小去半天，第二天、第二年就决意不再去了；先生不喜欢与媒介交谈，所以报章上很难见到“金克木访谈”这样的文字，对于把他当名人看的记者，他一概拒绝，时间一长，恐怕让人对先生畏而远之。但事实上，从先生的文章中看先生，他确实是一位极品的性情中人，我们私下里猜度，正因为如此，他才不再以虚名为生的乐趣所在。先生作于一九八三年的《比较文化论集·自序》中有一段话：

我从小学所受教育中得出一些问题：为什么中国这样一个文明大国却会受小得多的日本的欺侮呢？从老师讲课和清末民初一些书中常看到说希腊、埃及、印度、中国，还有犹太、波斯，这些文明古国都衰落了，唯一没有亡国的只是中国，但也岌岌可危，时刻会被列强瓜分，那时中国人就会当悲惨的亡国奴。我不能明白：为什么印度这样大国会亡给英国这样小国呢？为什么犹太人那样有天才也会亡国呢？为什么古希腊文明会断绝而古埃及文明会只剩下金字塔和木乃伊呢？难道中国也是衰老了，避免不了这种命运吗？那么文明还有什么意义呢？……外国人和中国人究竟有什么不同？为什么连文字都从中国借去的日本竟然能“明治维新”成功，而堂堂中国的“戊戌变法”却归于失败呢？为什么中国有那么多人（汉族）会癖好裹小脚和吸鸦片以致被外国人看不起还“自得其乐”不怕亡国呢？如此等等。

……

这些文章可以说是我在七十岁时回答十七岁时问题的练习，只是一些小学生的作业。

可见先生心中，依然充满着对于民族命运和国家前途的思索，依然有一份执着的理想和追求存在，让人感受到先生槛外人生中那有情世界的温暖。

老来，先生深居简出于燕园，以著述为本分，八十年代后，他成为创作活跃的“文化老人”，一气出了《燕口拾泥》《文化猎疑》《无文探隐》《书城独白》《槛外人语》等十几本大大小小的书，成为一位新出的“故人”，文化界一朵晚开的玫瑰。在先生心中，著述虽然本来就是文人本分，但历史的失误使他丧失言语的权利，将他置于“无文”的状态，让他一再地失去倾吐的机会。他像一颗晚到的星辰，放射出冷静而凝重的光芒。他说：“我在信和疑之间翻腾，在热和冷之间动荡过了七十多年。这恐怕是我在生命的最后的年月里不得不将思想化为文字的内在原因。像蚕丝作茧使自己僵化并将自己埋葬一样，我也是倾吐衷肠使自己僵冷。不过我和蚕不同。他能由蛹再生为短命的蛾子，我只能留下破烂的废纸……”而今，世态纷扰，读书人似乎越来越坐不安稳，读书人去客串电视节目的主持或是对任何社会现象张口就发表“学术见解”的大有人在，金先生却只是说：“你们去读我的书，写对我那些书的评论，我不反对，书写出来，发表出来，当然就是给人随便讨论的。”因此，我并不以先生拒绝人为他树碑立传为怪，耄耋之年的老人，他想要过平静的生活，或是与众名人不同的生活，这首先是一位智者的选择。也正因为如是，我才相信，先生所为不仅仅是一种姿态，而是一种精神上的高山仰止。

（原载《中华读书报》2000 年 11 月 29 日）

天心与人心的触摸

——《李杜诗学》读后

杨义先生的《李杜诗学》（北京出版社 2001 年 3 月版），迥异于以往研究，这和他将中国式的生命观与思维方式作为自己学术研究的逻辑起点不无关系。

杨义先生认为，中国诗学是以内在的生命深度作为诗的生成关键的。因此，“生命”一词成为《李杜诗学》的灵魂和线索，仅在书中的导言和第一章，“生命”一词就出现了百次之多，且构词丰富灵动，并不显得重复。如静态性的生命世界，生命形态，生命契约，生命印记，生命内核，生命本体等；动态性的生命体验，生命移植，生命对抗，生命转化，生命辐射，生命投入等；状态性的生命深度，生命强度，生命力度，生命激情……形形色色，对生命本身进行了全方位观照。

如果仅仅在语言形式上玩弄“生命”一词，那只能算是哗众取宠的行为。杨义先生则将“生命”深刻到思维层面，并将之纳入自己宏大的中国文化战略思想中来。他的研究，旨在对灿烂辉煌的本土文学和文化，作一种还原的或本体的深入研究，以便与世界文学进行平等的现代对话。在对丰厚的古代典籍广泛阅读和感悟的基础上，杨义先生捕捉到了“生命”一词，有生命才有思维，生命与思维密不可分。这就使他的研究不仅自然延伸到对象的思维方式层面，而且从整体上把握住了中国文化的主要精神。中国文化不同于西方文化的分析性和个体性，而是注重感悟性和整体性，讲究天人合一，万物谐成，以致在神灵崇拜上，也不同于西方的一神教，而是山川万物，皆有生命，具有泛灵化倾向。正是在这一文化心理上，中国人才升华出了“和而不同”的光辉思想；讲究慈悲为怀、众生平等的佛教文化也才能与中国文化水乳交融。从这一泛生命化进而泛思维化的角度入手，杨义先生触摸到了天心与人心的相通之处，豁然解开了李杜诗学的生命密码。

自古以来论李、杜，离不开李乃“诗仙”、杜乃“诗史”之语。引入西方话语后，在李、杜身上遂多了李白乃浪漫主义的，杜甫乃现实主义的大标签。东西方话语在此层面上颇可循环互证，只是循环互证的结果只能是空洞苍白地原地打转，研究者要做的无非是在此类标签下替换一下诗歌例证，缺乏深度和创造力，李杜被脸谱化的同时我们也在失去李杜。杨义先生却潜入到中国诗学的深层思维方式中，创造性地拈出“醉态思维”和“诗史思维”，使李杜诗学陡然充盈着生命、充溢着力度。

杨义先生指出：“酒意或醉性，既是诗的存在形态，也是作诗的精神状态和思维方式”。李白之前，阮籍、陶渊明都是将旨酒醉态作为一种人生方式来体验，并未将之引入诗学过程。而真正把醉态思维深刻引入诗歌创造之中的，正是李白。他打破了古今造句规矩，出入天地，创造了一种以醉态狂幻为基本特征的诗学思维方式。遂使其于醉心腾跃和醉眼矇眬中，体验着生命的种种临界状态，看取了生命的内在秘密，“把生命的困惑化作天地间绮丽的诗情”。

具体到杜甫也是如此，大家虽然对“诗史”的称号异口同声，可谁又能想到将“诗史”作为一种思维方式呢？仔细思辨，又觉的确如此。中国人历史意识厚重，渗透于文化各质素间，诗作为古典文学的形象大使，所受影响首当其冲。“诗史”思维的形成是必然而又自然的，杜甫是将“诗史思维”引入诗学创作机制的典型，“史使他的诗变得沉重厚实，诗使他把握到的史出现一种精彩的沉痛，从而产生了异质思维方式于瞬间遇合中爆发出来的动人心弦的力度”。

围绕着生命观和思维方式这样的学术逻辑起点，杨义先生还建构起了一整套与之相应的操作程序。如他以“醉态思维”为隐线，分别讨论了李白诗学的时空观、心理机制、山水题材、明月意象和语言弹性等问题。以“诗史思维”为钥匙，分别开示了杜甫诗学的叙事方式、意象复合、抒情原理、律诗结构和语句技巧等法门。对李杜诗学各具风采的诗学命题、原理、原则和思维方式以及他们的人生轨迹和心灵轨迹，进行了既有生命还原、又有形式解密，还有学理建构的多维度、多层面的探索。较好地实现了自己想要以李杜名篇的权威和魅力来展示中华民族生命密码和文化精神血脉，建立与当代世界在同一个学理层面上进行平等而深入的对话的现代诗学体系的目的。

也许是为了和自己独特的学术视角相匹配，也许是为了和自己宏大的中国文化战略思想相呼应，杨义先生的学术话语非常独特。他一般不太喜欢运用大家司空见惯的那些术语，而更习惯于按照自己的文化理想和学术思路，调动文化学、历史学、宗教学、民俗学以及现代科学诸方面的知识储备，创造出许多新的学术概念和名词来。在《李杜诗学》中，他就使用了诸如“醉态思维”“诗史思维”“狂幻”“微幻”“悟后悟”“悟后解”“强自我”“硬结构”“软结构”“化妆抒情”“明月意象思维”“三元分割，双层肌理”等令人感觉生新的概念。

自然，这些话语的成熟度和被接受度还有待于历史的检验。但杨义先生为中国文化傲然屹立世界民族之林所付出的眷眷苦心和努力，理应让我们肃然起敬。

（原载《人民日报》2001年9月1日，发表时有删节，今恢复原貌）

文学史研究的两部力作

——评《王渔洋与康熙诗坛》和《文学史的权力》

如果说起学术界最热门的研究，有关中国文学史的研究绝对算上一家。自从1897年，日人古城贞吉编写的《中国文学史》出版后，一百多年来，中国文学史研究已蔚成大观，出版的各种文学史著作超过千种，近十年来，围绕文学史各个方向探讨的论文也有上千篇，对这个学科的建设起到了积极作用。但是，中国文学史研究在两方面做得还有所欠缺，一是关于本学科认真的学术清理，一是关于本学科创造性的实践。细心寻绎不难发现，大多数的论著或是在不同逻辑起点上的公婆互争，或是在令人目眩的新式名词下掩盖着自己的草率仓促，还停留在粗放型的宏观探讨和低层次的重复建设上。但我手头拥有的这两部专著却恰好弥补了这门学科的薄弱领域，它们是蒋寅先生的《王渔洋与康熙诗坛》（中国社会科学出版社2001年）和戴燕先生的《文学史的权力》（北京大学出版社2002年）。

蒋著在其《王渔洋事迹征略》（人民文学出版社 2001 年）的坚实基础上，以王渔洋为中心，揭示康熙朝诗学的若干侧面，是对文学史研究的创造性实践。其创新处在于将自己独特的文学史观运用到研究中，得出令人耳目一新的结论。蒋著认为，资料的多少决定了文学史具体的研究方法，材料稀少的上古，可以运用详尽记录的考古方式；材料稍具规模又不太充分的中古，可以用综合、描述的方式对历史原生态进行整体性认知，达到一种结构的真实；资料丰富的近古（明清），则可以进行“过程”的研究，使文学研究真正深入到文学活动的过程中、走进文学事件和文学史情境中去。本此宗旨，蒋著对清代诗人和诗论家王渔洋的诗学做了一番“进入过程”的透视，如通过钱谦益、王渔洋之间微妙关系的细节探讨，指出清诗在王手中才得以展现自己面貌；通过排比王渔洋词学活动的年表，指出王在清初词坛的重要意义；通过研究一向无人注意的王渔洋的古诗声调论，指出清代学者对古诗声调问题的各种立场。在这不同侧面的细节描述中，康熙朝诗学的基本走向就逐渐从迷雾中走了出来。比起过去那种平面地诠释理论问题和评价作家作品的水平的框架式研究，这种将理论问题历史具体化的做法令人赞赏。

戴著围绕不同主题，对过去文学史的编撰和研究做了尽量客观化的回顾，是对文学史学科历史的系统清理。如第一章《新知识秩序中的中国文学史》深入细致地考察了近代中国文学史的编写，是如何一方面学习接受西方的叙述语言与文学观念，一方面又返身到中国古人的诗文理论中，寻找外来知识与本土经验的结合点，以获得对过去文学遗产新的理解与解释的复杂过程。第三章《作为教学的中国文学史》和第四章《从“民间”到“人民”——中国文学史上的正统论》，研究了1950年前后文学史意识形态的确立和观念变化，剖析文学史与国家意识形态和政府权力的关系，探讨在同一种阅读范式之下，文学的丰富多样性是如何丧失的。第五章《写实主义下的文学阅读———中国文学史经典的生成》梳理了小说理论中的“写实主义”，怎样蔓延到诗歌及其他文体领域，在中国文学史中充当一种占据主导地位的阅读理论。戴著注意文学史与政治、教育、学术传统、外来观念之间的复杂互动关系，使新时期以前的中国文学史面貌得以较为清晰和深入地呈现，这种细微周到的学术史研究，自然比那些大而无当、玩弄理论的论著更有学术意义。

如果说两种著作有什么美中不足的话，那就是蒋著中一些新颖但乏确证的推断让人难以尽兴；戴著也许为了保持自己客观化的叙述立场或是为了避免做“套中人”，往往隐藏自己的观点，使上下文之间的语言张力拉大，让读者有些难以进入。另外，戴著对中国文学史家致力真实文学历史还原的做法表示怀疑，笔者则以为，求真是科学的标志和象征，如果承认文学史作为学科的科学性，谁都不会怀疑求真同样是文学史追求的目标和理想。只是谁都知道历史不可完全复原，所谓真实文学历史的还原包括蒋寅提出的进入过程的研究，只是一种取法乎上的崇高的学术理想，因此真实文学历史的还原并不等于客观真实的原生态还原，似乎可以理解为在文学史中呈现出意义并逼近原生态的真实，如蒋著中通过辨明《渔洋诗则》为伪书，澄清了人们对王渔洋诗学的一些误解，并传达出渔洋诗学与冯班、赵执信诗学的错综关系，这种真实当然是文学史家孜孜追求的。

值得注意的是，蒋著和戴著均是厚积薄发的产物，蒋著仅18万字，戴著正文亦不足20万言，但都是沉潜了近十年的心血结晶，而且又都是以论文结集形式而成，不求形式上系统和面面俱到，只在各文之间保持其内在联系性。拜读之余，不禁由书里想到书外，对闹哄哄的学术界感慨良多。

众所周知，学术人对目前的学术界现状越来越不满意，专著撰写的字数越来越多，理论体系建设得越来越庞大，而撰写的时间却越来越短，水分含得也越来越高。往往一二年间，百余万言出手，除去百分之九十多的陈词滥调和剽窃抄袭，剩下不多的自家产品还拿不出质量合格证。于是学术圈也如演艺圈，丑闻不断：某某博导剽窃学生成果，某某学术名家抄袭国外论文，《某某儒教史》被讥为“学术界的豆腐渣工程”，《某某人口史》被讽为错谬百出……在我看来，学术界这种浮躁现象和价值失范的主要原因之一是学术的功利化，当前学术人的职称、地位、物质待遇与你承揽了多少国家课题、出版了多少专著、发表了多少字数密切有关，于是学术人争相攀比出书的速度与数量，以换得较为优裕的研究环境。不少学术人自嘲说，等我正高职称拿到手了，再真正搞点学问吧。但想要保住这种优裕，又不得不继续追求速度和数量，结果学术人和学术界就在这种悖论中潮起潮落，整体上难有创造性的建树。以古代文学研究界而论，较为耐读的如钱锺书先生的《七缀集》、袁行霈先生的《中国诗歌艺术研究》、葛晓音先生的《汉唐文学的嬗变》、王水照先生的《苏轼研究》、陶文鹏先生的《苏轼诗词艺术论》，包括笔者所评价的《王渔洋与康熙诗坛》《文学史的权力》等，都是长期研究中的智慧闪光，绝非为职称或功利目的赶制出来的，因此篇幅虽不是很大，但一篇就是一篇，水分极少。而大批短时间便烘烤出炉的著作，虽然大都有一个不错的名字、骇人的篇幅，其学术品位却令人大倒胃口。

学术界目前很有必要建立一个有效的可以依赖的学术质量评估机制，只要对学科具有重大建设意义，一篇论文也可以评教授；而那些假大空的论著，即使其产量再惊人，也应统统扫到学术的垃圾箱里。如此，才能激励学术人对学术生命的真正思考和沉潜钻研，改变学术界重量不重质的不正风气。

（原载《中华读书报》2002 年 7 月 17 日）

独标高格，历久弥香

——评陈飞《唐代试策考述》

积书成癖，偶得《义门读书记》《唐集叙录》之类的书便欣喜莫名，这类书不逐流俗，如一树古梅独标高格，又如一窖老酒历久弥香，其生命力往往随着作者的老去而越发强大。如今便有这样一种著作摆在眼前，暗红色的书皮，略带寂寞之感，娟秀的题签，散发着静谧的诱惑，它就是陈飞先生的《唐代试策考述》（中华书局 2002 年 4 月版）。

有关唐代科举的书出了不止一种，如傅璇琮先生《唐代科举与文学》即是嘉惠学林之著，吴宗国先生的《唐代科举制度研究》也从史学角度对唐代科举制度作了较为全面的考察。但鉴于唐代科举本身的复杂性，以及有关记载的纷繁甚至互相矛盾，人们对它的了解还多停留在宏观把握层面，诸多细节则语焉不详。如对常科的研究多集中于诗赋试，策论则鲜有论及；对制举的研究虽涉及策论，但多笼统言之，鲜有对具体科目的探讨。陈著则抓住唐代科举考试“以策试士”这个关键环节，通过对唐代史料的精心辑集和爬梳，第一次全面考证了唐代试策制度，他认为：

常选、制举和“学馆”是唐代科举的三个系统。常科主要为“明经系列”和“进士系列”：前者有“常明经”“准明经”和“类明经”之别，后者有“常进士”和“类进士”之别。“明经”作为一个总名包括二经、三经等科目，作为一个具体科目则专指“两经”；五经、学究一经实属特例明经；而开元礼、三传、史、三礼、童子、道举等，皆属“准明经”科目……

制举约有八项识别条件：诏制求才；临时开科；随意设目；相对定科；典礼举人；殿廷考试；君主亲临；诏制录取。唐代制举的“科目”极多，必须区别“制目”与“试目”之关系，大抵有四种情形：即有诏无目、有制目无试目、制目与试目不一致、制目与试目大抵一致。制举的试项通常只有试策一项，只有个别例外；试策在形式上通常为笔试，即“墨策”，偶尔也有“口策”；制举的具体事务多由尚书省或中书门下省负责；制举在理论上有五大九小不同等级……

学馆考试自成系统，“学试”“监试”，皆与“省试”相接应，并具有一定的“处分”职能；“国子大成”为唐人创置，实即“高级明经”……

通过这种全面细致的整理，我们对唐代科举的试策制度便有了一个更加清晰和完整的认识。在一些具体学术问题的考辨上，陈著也多有创新发明：如考证明经、进士“其初止试策”之说大抵不能成立；二科试制都经历过三个主要阶段，各阶段试项虽有变化，但试策始终是必不可少的最重要试项，唐人实是“以策取士”。考证调露二年刘思立的“奏请”实未及于“进士加试杂文”。考证唐代“道举”与“明四子科”分别属于准明经科目和制举科目，历来将其混为一谈乃是误解。考证“经策”“墨策”“问义”“墨义”的性质及其体制。考证“大和改制”的实情与背景，所谓“停试诗赋”并未得到落实。考证唐代孝廉、多才、秀才等属类进士科目；孝廉科有“旧孝廉”与“新孝廉”之别，秀才科并未“遂绝”，但有“新秀才”与“旧秀才”之分。考证以开元九年为界唐代制举试策大抵由三道变为一道，但一道之中连问若干题，其分量反较前加重；试策是制举唯一试项；“辞藻宏丽科”之“别试诗赋”，“博学宏辞”试诗赋论等，皆属特例。考证诸家关于“殿试之始”之说之不当；颜师古《贤良策问五道》乃系制举性问目等。都使人加深了对唐代科举制度的了解，对于唐代科举制度研究，陈著可说是厥功甚伟。

难得的是，陈著中的诸多结论都是无征不信，建立在扎实的史料考订和细密的审辨基础上，书中资料不仅全部引用自原始文献或权威校勘本，还常以按语形式订正原书或现在整理者的讹误，据笔者粗略统计，这样的按语多达上百处。陈著还对传世唐策的策籍和策文进行了考辑整理，编制了唐代制举科目年表（简表），以附录形式缀于书后，使人对他的研究不由产生信服之感。傅璇琮先生在该书序言里引用陈寅恪对陈垣《明季滇黔佛教考》等二书的评价，一是“搜罗之勤，闻见之博”，一是“识断之精，体制之善”来作为对陈著的勉励，确非虚语。

《唐代试策考述》一书是陈飞先生博士论文《唐代试策研究》中的前半部分，更是他本人“唐代官人文学研究”长期计划的一个组成部分。《唐代试策研究》主要研究“试策”的两个基本义项，即试策制度和试策文体及相关问题，《唐代试策考述》解决了“唐代官人文学”中有关“策论”的各种“史实”问题，即关于“策论”这种文体的实际考试制度问题，而博士论文中关于唐代试策文体的各种问题，如“策”在“古代文学”中的地位，“策”的文体发展史，唐策体类，唐策的“表达”艺术与风格，以及这种文体与文学、政治、文化等方面的关系探讨，则将另撰《唐代试策述论》一书。如果不将《唐代试策考述》单列出来，而是作为陈飞先生“唐代官人文学研究”的一个组成部分看，该书对于唐代文学研究的基础建设意义将更加突出。因为试策是唐人取士各科最为注重、地位最为稳固的文学试项，唐代科举实际是“以策取士”，该书对唐代试策制度的全面考证，使研究者能够直接和便捷地进入到唐策的文学研究中来，极大地开拓了唐代文学的研究领域。唐代文学研究是一个传统而成熟的领域，但以往的研究多集中在诗歌、传奇及散文等方面，以至有学者感叹题目已被“做完”。如果将研究引向以“试策”为代表的唐代“官人文学”，这里可供研究的文体不下百十种，数量惊人，是一个亟待开掘的“处女地”，为唐代文学研究开辟了广阔的空间。同时，唐策的研究还突破了近代以来的西方文学观念，避免割裂或弃置中国文学的固有特征与传统文体，对于全面把握唐代文学的真实状况，建立民族文学谱系，更好地参与世界对话富有现实意义。

我们今天的文学研究，往往受制于西方近代纯文学观的影响，来回在诗歌、散文、小说、戏剧四大文体中绕圈子，很像一头被蒙上眼睛的拉磨毛驴，不但无法回归到古代的“文学”语境中，也封闭了自己的研究视野和开拓能力，最终使真正的古代文学研究被观念化或割裂化。有些学者担心我们一味强调建设具有民族特色的文学话语背离了文化全球化的趋势，殊不知今日的全球化不过是另一种形式的西化，况且文化思想的全球化对于人类未必意味着一件好事。较合理的提法似乎应是“对话”与“中和”，我们现今缺乏的是参与“对话”与“中和”的本钱，缺乏的是像《唐代试策考述》这样把基本问题弄弄清楚的著作，我们对于自身的文化了解得并不全面深细，虽然研究界号称“大师”者比比皆是，但多为互相舐痔得来，著作充满“谬悠之说，荒唐之言，无端崖之辞”（《庄子·天下》）。陶文鹏先生曾幽默形象地总结说：“我们大陆学者的研究是在天上飞，日本学者的研究是在地上爬，台港学者的研究则是站在屋上摇晃。”的确，大陆学者往往有将学术研究当成文学创作的倾向，内容散漫无稽、空中楼阁，快速高产但是质量难以通过检验，比起日本学者爬梳式的研究甚至港台学者“四不像”式的研究都有不着边际、走火入魔之嫌。从这个意义上看，陈飞的《唐代试策考述》又有着纠偏之力，惟愿此道不孤。

应当承认，阅读陈著是相当吃力的，这不仅是书中有着大量的引文、注文、考辨之文的原故，也和作者的行文方式有关。作者行文考据、思辨兼重，有时让人生出歧路亡羊之感。陈寅恪先生著文亦重考据、思辨，但每于文末总结论文要点，繁而不乱，这种方法给人感觉似乎更好。

（原载《中华读书报》2002 年 11 月 20 日）

感悟、学理与情采的结合

陶文鹏先生是研究唐宋文学的知名学者。他的治学，坚持立足文学本位，以古代作家和作品为本，从美学和艺术角度提炼概括，进而阐释古代文学发展演进的历程，努力发现和揭示一些带有规律性的问题。他近年来问世的《古诗名句掇英》（江苏古籍出版社 2000 年版）、《苏轼诗词艺术论》（上海古籍出版社 2001 年版）、《唐宋诗美学与艺术论》（南开大学出版社 2003 年版）几本专著，贯彻了这一治学倾向。尤其是《唐宋诗美学与艺术论》，选录了作者 20 多年来研究唐宋诗的 20 篇论文。文章长短不一，论题不同，但都从美学与艺术角度切入，鲜明体现了他的治学风格。

陶先生在该书的《唐诗艺术研究现状和思考》一文中说，诗歌艺术研究，须从审美的感情体验出发，使自己的心灵和古代诗人的心灵相感应，产生共鸣，进而调动联想和想象，进入诗歌的境界，感受诗的情思韵味。没有这种审美的感悟，只是纯理性的评判和冷冰冰的分析，体会不到诗人细微的内心活动和复杂的心灵历程，传达不出诗的情思韵味，也就谈不到艺术研究。这种“审美的感悟”，略近于宋人严羽《沧浪诗话》所说的“妙悟”。陶著中有不少灵光四射的感悟发现。论文多数发人所未发，具有开拓之思、创新之见。

例如唐代诗人孟浩然仅有诗歌传世，并无一篇文章。陶先生却从孟诗中钩索整理，发现孟浩然有一个以“清真”为核心的鲜明完整的诗歌美学观，而且这个诗歌美学观，是由陈子昂过渡到李白诗歌美学观的一座桥梁。《论王维的美学思想》，是最早也最全面细致地阐述王维美学思想的论文。一般人论王维，都着眼于王维的“诗中有画”，而陶先生早在80年代初，就突破了这个框框，相继写出《谈王维诗歌创造感觉意象的艺术》《传天籁清音、绘有声图画——论王维诗歌表现自然音响的艺术》等文，细致地探讨了王维诗歌对各种感觉意象的创造，对王维诗歌表现自然音响的艺术，论析更是精彩纷呈。其他对常建、张旭、米芾、道潜、仲殊、惠洪、萧德藻等人诗歌艺术的研究也都带有一定的开创性。

严羽在《沧浪诗话》中指出，“妙悟”的前提必须“多参”“熟参”。陶先生之所以在诗歌艺术研究上有灵妙的感悟，是与他转益多师、触类旁通分不开的。他有较扎实的中西美学理论基础，有较丰富的新旧诗创作经验，喜欢书法、绘画、音乐、电影等艺术，因此能够不局限于中国古代诗歌本身，而是努力打通古和今、中与西，吸收借鉴美学、艺术学、哲学、历史学、社会学、宗教学、心理学等学科的成果，因此论文视野宽广、角度灵活，常能发现新的问题，做出别人没有的阐释。尤其是他将诗歌与绘画、音乐、书法、电影等艺术结合起来研究，常有“神来”之笔。他说张旭“诗中有书”，说王维与常建的诗中有音乐境界，已令人惊奇；他由常建的音乐诗《江上琴兴》《送李一尉临溪》，联系到日本当代风景画大师东山魁夷；在讨论李商隐运用幻象与幻境建造诗的高层和多层结构时，联系到美国意象派大师庞德；在论述李贺诗歌的色彩表现艺术时，联系到法国印象派艺术大师莫奈，更给人耳目一新的惊喜。

陶先生的论文注重学理的建构，他反对学术论文的平面化，即一、二、三、四或A、B、C、D地平列出文章的论点，然后举一两个例证了事。他强调论文应构思严谨、逻辑清楚、层层深入，前后呼应，要有理论的提升和概括。他从色相、明度和彩度逐次展开，不仅探讨李贺诗歌的色彩特点和设色手法，而且还将其深化到诗歌意象和意境的分析中去。他剥茧抽丝般逐步揭示宋代山水诗画的异质同构特点，概括出融画入诗的宋诗艺术特征和创作经验，进而发掘这种诗画一体化所蕴含的时代心理与审美情趣，从而使论文的学理意蕴显得相当厚重深刻。

陶先生认为，文学研究论文应当是逻辑思维和形象思维的结合，他十分欣赏鲁迅、闻一多、朱自清、宗白华、梁宗岱、朱光潜、钱锺书以及他的老师吴世昌、林庚、袁行霈等先生富有诗情画意的文字表达。常说诗歌是心灵的歌唱，缺乏情感怎么与古人进行心灵的交流？诗歌是文学中的文学，抒情诗是诗中之诗，没有文采怎么传达出美的诗意诗境？在他的文章中，文采斐然、饱含情感的段落不胜枚举。看他论析常建的《湖中晚霁》："诗的前八句，便跳荡着光的旋律，鸣奏着色彩的音乐，抒发出诗人舒心的快意，放浪的喜悦，飞扬的神采，腾跃的诗心。诗人整个儿沐浴在这一片光色之中了。诗的后半篇，物象由清晰转为朦胧，色彩由浓变淡，诗人的情绪也由热变冷。夜色苍苍，一片混茫。但当繁星丽天，银汉灿烂，诗人又展开幻想的彩翼，想超脱混浊尘世飞往琼楼玉宇。"看他论述李贺诗的色彩："这种色彩意象繁多密集、前呼后拥，纷至沓来，叠出层见的呈现方式，恰似苏轼在《百步洪》诗中'车轮战法'地运用博喻一样，能够产生极强烈的视觉效果，引起一种令人恍惚迷离心旌摇动的整体性情感效应。李贺这种打乱节奏不顾和谐淋漓泼洒色彩的表现，使得他的诗歌犹如彩的雨瀑，色的涡流，而他的激情潮涌也就奔突纸上。"真是笔走珠玑，精采洋溢。陶先生的诗情、诗心、诗才、诗笔也可见一斑。

最后还想说一句，陶先生的理论专著一般都是多年的论文结集，篇幅不大，不尚空言，和当今学界风行的惟恐分量不重的注水猪肉式"巨著"泾渭分明，这是老学者治学的一贯态度，值得学习。

（原载《中华读书报》2003年7月9日）

文学史研究的独特风景：《中国的文学史观》

一百多年来，中国文学史研究已蔚成大观，出版的各种文学史著作超过千种，近十年来，围绕文学史各个方向探讨的论文即有上千篇，但细心寻绎不难发现，大多数的论著还停留在粗放型的宏观探讨和低层次的重复建设上，缺乏对本学科认真的学术清理和创造性的实践。新近由十余位中日学者鼎力合作而成的《中国的文学史观》（日文，创文社 2002 年 2 月）则为这个问题的解决交上了一份令人满意的答卷。

该文分正文和附录两部分。

正文部分由十章组成，分别由中日学者对中国古代文人的文学史观、明治时期日本人的中国文学史观以及近代以来中国文学史观的嬗变等问题阐述自己的研究心得。第一章“现在为什么研究文学史”（川合康三执笔）回顾了中国文学史的诞生，指出中西、古今文学史观的差异，总结研究文学史应该注意的问题。作者认为，文学史这个概念是西欧近代社会的产物，十九世纪西欧近代史学的确立，派生出种种文化通史的写作，文学史就是其中之一，在汉学积累的基础上更早一步接受西方文化的日本，不但在西洋文学史的刺激下写成了日本文学史，还相继写出多部中国文学史，成为中国文学史写作的滥觞。另外，与传统的古代中国文学以儒家理想为回归指向的循环史观相比，近代西欧则体现为更具合理性的文学进化史观，但不管文学史观如何变化，研究文学史，一定要注意从文学作品本身出发。因为文学作品是历时与共时的坐标轴以及作者个性共同构成的文学的三维空间，是构成文学史的基本质素。该章凝聚了作者对文学史问题的多年思考，可视为全书的导论。

二至五章是对中国古代文学史观的具体探讨。第二章乾源俊的《初盛唐时期的复古文学史观的形成过程》描述了唐朝的“公众的”文学观、文学史观是如何根据不同作家个人的主张变形演化、从而形成复古的文学史观的过程。第三章浅见洋二的《文学的历史学——关于宋代的诗人年谱、编年诗文集及“诗史”说》考察了宋代出现的大量诗人年谱、编年诗文集与诗史说之间的关联，并指出在这些事物的背后存在着共同的历史学的思考——即它们都与传统的“知人论世”观念有关，从而使一门新的历史学“文学的历史学”得以萌芽。第四章蒋寅的《叶燮的文学史观》以清朝叶燮的《原诗》为中心对近代以前的文学史观做了总体思考，他认为在文学史发展观上，叶燮消解了前人在正变概念上附加的价值判断色彩，以进化观念建立文学史周期论和阶段论；在文学史发展动力问题上，叶燮体现为一种英雄史观，并以此铺垫和印证其诗人主体论。第五章川合康三的《〈母胎文学〉的构想——以中国的恋爱文学为线索》对中国古典文学缺乏恋爱的说法重新审视，并以恋爱文学通过变形而得以流传之事为线索，探索恋爱文学作为“母胎文学”潜在于数量众多的寄托诗和友情诗里的过程。这三章构成了对古代中国文学史观历时性的回顾。

六至八章是对明治期间出现的由日本人撰写的各种中国文学史、从宏观到微观的综合分析；最后两章是对中国人撰写中国文学史的个案研究。其中第六章和田英信的《明治时期发行的中国文学史——以其背景为中心》探讨在明治三十年前后同时出现多种中国文学史的背景，着眼于这个时期的教育体制，对学制和教学内容的实际状态进行精密的考察。第七章竹村则行的《〈支那文学大纲〉和田冈岭云》仔细分析了创始期的中国文学史丛书《支那文学大纲》的编写过程和内容，以新的目光审视居于中心位置的田冈岭云，并以田冈为中介阐述了对于文学史观的诸多思考。第八章西上胜的《人情的探求和小说史的构筑——围绕笹川种郎的〈支那小说戏曲小史〉》通过笹川种郎的所有著作和同时代的言论来探索他从国家、地域、风土人情等方面编写中国文学史的成就，并涉及他和胡适的比较。第九章陈国球的《探索林庚的〈中国文学史〉》以林庚 1947 年版《中国文学史》为例，分析其中体现出的对西方文学观的接受与抗拒、化合与变容。第十章戴燕的《从民间到人民——中国文学史上的正统论》从文学史与国家意识形态、政府权力的关系角度着眼，对1950年前后中国文学史正统观念如何从民间转移到人民的立场变化做了考察，指出五四白话文学运动时期的“民间”正统，不足以代表新生的共和国的文学形象，因此文学正统被置换为包含文语在内的范围宽广的“人民”文学。这样，就点面结合、纵横交错地展现了中国文学史草创期发生萌动的具体状况，以及它在中国被抗拒、接受、变异的深层演动轨迹，立体和深度地呈现了中国文学史的内在精神气质。

附录部分主要由资料篇构成，收录了日本出版的中国文学史，共45部，附有目录、作者简介和提要说明。比起中国所出的几种文学史书目提要，《中国的文学史观》资料篇中的提要说明更加详尽和深入，利用起来也更方便。甚至从那些目录里就能得到不少启发，如比较儿岛献吉郎《支那大文学史古代篇》、藤田丰八《支那文学史》、笹川种郎《支那文学史》等几种早期文学史的目录即可发现，他们都注重从地域、人种、风俗等方面研究中国文学，对于中国文学的取舍标准也较宽泛，与我们今天提出的“大文学史观”不无对比借鉴意义。

《中国文学史观》一书的特点不仅体现为结构设计得相当系统完整，更为难得的是论述者视角的新颖和开掘的深刻。如乾源俊的《初盛唐时期的复古文学史观的形成过程》认为初盛唐时期文坛的支配势力是旧贵族，导引诗歌向着使韵律、对偶精密化的近体发展。当时公众的文学史观虽然呼吁重视文学的内涵，却没有对文学修辞进行简单的批判，复古派为了使自己的创作正当化，对文学作了灵活的解释，将公共的重视内涵变化的文学史观偷换为重视文学社会、道德功能的复古文学史观，使之成为与旧的文学观对抗并定型化的东西。乾源俊还敏锐地发现，唐代掀起的复古文学运动，不仅是文学趣味不同的问题，还和作家出身阶层密切相关。如复古文学的先驱陈子昂、卢藏用、李白、殷璠等都是不属于旧贵族一脉的新兴中小地主阶层势力，因此需要以文学的新理论和新形式来为自己张目。魏晋以来重视形式的骈俪美文中折射着贵族官僚的精神意识，维持着贵族官僚的旧体制，不予以变革，就无法在政治上获得成功，初盛唐复古文学史观中蕴含有中国特有的政治性。其独特的观察视角令人耳目一新。

再如和田英信的《明治时期发行的中国文学史——以其背景为中心》认为，明治时期受西欧影响形成的新教育体制导致了近代市民和近代读者的产生，明治时期的中国文学史集中出现在明治二十年代后期到三十年代之间，其著者多是东京大学及其古典讲习科的毕业生，具有相近的知识结构，他们的著述体例与小宫山绥介、内藤耻叟等老一代汉学家传统的笺释方式有所不同，注重体系性和通史性，反映出新的学术观点的成长。和田英信还注意到，明治三十年（1897）汉学专修科及其中“支那文学史”科目的设立不仅出于继承汉学传统的目的，更重要的是由于社会因素——当时入学率不断提高（明治二十七年 61.7%，明治三十年 66.7%，明治三十五年 91.6%），教师和科目严重不足，社会急需增加教育科目的客观要求造成的。这些考证细腻深刻，有较强的说服力。

在近代中国走向现代化的历程中，许多文化资源并非直接来源于西方，而是通过先行一步接受西方思想的日本转道输入，中国文学史的写作与研究也不例外。第一部中国人自己编写的林传甲《中国文学史》（1904），就以日本人笹川种郎的《中国文学史》（1898）为最重要的范本。正本清源地弄清楚近代日本文学史观的变化以及与中国文学的复杂关系，对于研究中国传统学问和西欧近代思想的交汇生长意义非凡。另外，按照一些学者的说法，文学史是借科学之手段，从富有情感和想像力的语言文字中，以回溯方式对民族精神所作的一种塑造，目的在于激发爱国情感和民族主义，建立国家文化谱系。而中国文学史的编写，发源于近代中国努力融入世界的特殊时期，对它的研究，不仅可以破译封建文化向现代文化转型的基因密码，而且有助于完成对文明悠久的祖国的想象，为中国颁发一张确认自我、通行全球的现代身份证。从这个方面看，《中国的文学史观》一书又有着独特的文化史价值。

（原载《中国诗学》第8辑，人民文学出版社2003年版）

评傅璇琮《唐宋文史论丛及其他》

在中国当代的文学史学领域，如果我们要找一位既有精深的文史功力，又有开阔的学术视野和文化意识，并且怀着深挚的人文情怀，时时组织、领导和影响着文学史学研究，自觉地推进学科建设的人，恐怕傅璇琮先生是众望所归的人选之一。近获他的论文选集《唐宋文史论丛及其他》（大象出版社 2004 年 11 月版），在六编百余篇文章的细读过程中，这种感觉愈发地强烈。

一

傅璇琮先生精擅文史，是学界公认的。但文学与史学相结合有多种表现方式，如“以诗证史”“以史证诗”“以文写史”等；其研究角度也各有侧重，有的重在文学艺术的分析，有的重在政治制度的考察，有的重在历史环境和文人心态的论述等；其探讨目的当然也不尽相同，有的在于获得经验事实，有的在于获得美的感知，有的在于对历史文化相对全面的把握等。傅先生的文史结合，除作家作品的专题考证、论析外，更注重通过对某一时代知识分子的生活道路、思维方式和心理状态作历史的分析，重现当时的政治氛围和文化风貌。傅先生赞赏法国艺术史家丹纳《艺术哲学》中重视种族、环境和社会习俗对于文学艺术有重大影响的观点，也很服膺丹麦文学史家勃兰兑斯《十九世纪文学主潮》中的名言："文学史，就其最深刻的意义来说，是一种心理学，是研究人的灵魂，是灵魂的历史。"这使他特别关注唐代知识分子的命运，关注被前人忽略或重视不够的影响诗人生活、心理的时代与群体文化因素。以他被收入新版《大百科全书·中国文学卷》单列条目的两部著作为例，其《唐代诗人丛考》考诗人生活播迁，往往察其诗风；考诗人交游，往往触及诗人群落；在对诗人人生事迹的清理中，展示出当时诗坛风貌和历史文化环境。《唐代科举与文学》也从唐代应试的举子到京都后的种种活动（包括文士之间的诗歌唱酬，以文向达官贵人送呈、走门路，以及在妓院的行乐，等等）以及进士的出身与地区，进士的行卷与纳卷，放榜与宴集，举子情状与科场风习，对唐代士人共同关心的科举考试这一社会现象，作广泛、整体的考察，真实生动地展示了有唐一代士人的政治、思想和文化心态。

《唐宋文史论丛及其他》（以下简称《论丛》）一书的甲编中，收入十篇关于唐代翰林学士的研究论文，重点是以唐代高层士人作为研究的中介环节，探讨当时文学与政治的互动关系。它更鲜明地体现出著者善于文史结合、从人生状况和心理状态角度把握问题的功夫。唐代翰林学士，是当时士人参与政治的最高层次，他们接近朝政核心，顺利时宠幸有加，受人艳羡，逆运时则险境丛生，降职贬谪，甚至丧身破家。他们是以文采名世而实为政治型的知识分子。因此研究翰林学士，重要的着眼点之一在于对其政治职能的关注，史学界对此流行的看法是：翰林学士的建立，缘于君权与相权的对立，翰林学士是加强君权的需要，他们被人目为“内相”，甚至权力凌驾于宰相之上。傅先生却通过对玄、肃、代、德、顺、宪、穆诸朝翰林学士的事迹梳理，准确指出翰林学士的政治职能在唐代诸朝虽有一定变化，但总的来看，只不过是一个文人机构，其本身缺乏政治实力。他们有的并未直接参与当时政治或政事纠纷，只是依据皇帝个人之所为，做些文职方面的差使；有的虽然直接插足政治，表达政见，施展谋略，对皇帝和朝政造成一定的影响，但并不具有普遍性，他们在朝中并没有形成独立的中枢机构作用，往往屈从于掌握实权的宰相和宦官，如果与这两者有所冲突，则大多以失败而告终。所谓翰林学士院成为皇帝的私人秘书机构，以致影响中枢三省的行政运转，凌驾于宰相之上，这在唐代是不存在的。傅先生通过翔实考据与论证后指出：这是古代文人参与政治的根本弱点和带有一定普遍性的惨痛教训，从而将研究提升到整体性的历史认识。

但翰林学士毕竟不同于一般的行政官僚，他们皆以文采高华名世，其生活方式及其心态变化往往反映在文学创作中，对当时的文学也带来一定影响。因此翰林学士往往又与文学密不可分。史学界关注的对象常在翰林学士制度的建置、人员的构成以及职能作用等，而傅著则抓住当时翰林学士参政方式和心态变化，从更广的角度揭示其生活方式及文学创作。如《从白居易研究中的一个误点谈起》就对白居易元和二年至六年任翰林学士时的心态和作品作了分析：

作为一个文人，特别是像白居易那样深具历史传统而又富有现实思考的作家，处于翰林学士那样政治环境，其心境是不会平板的。一方面他感到机遇难得，荣幸异常，一首作于元和四年的诗就以热情的词句歌颂当今的圣世："元和运启千年圣，同遇明时余最幸"；"步登龙尾上虚空，立去天颜无咫尺"；"身贱每惊随内宴，才微常愧草天书"。即使以讽刺现实著称的"新乐府"，也有谀颂之作，如《贺雨》，说元和三年冬至第二年春一直未有雨，大旱，皇帝下了自我检讨的"罪己诏"，就马上见效，"诏下才七日，和气生冲融"，下起了大雨，于是"乃知王者心，忧乐与众同"。但另一方面，假使只写这样的诗，白居易就不成其为文学史上的白居易了。他对当时的政事确实是相当投入的，他对宦官的专权，方镇的跋扈，地方官的向上纳贿，皇帝宫内的私下聚财，都敢于直言极谏……

文章接着指出：由于宪宗时的进谏，白居易深受刺激，在学士院中值班时，他感到十分孤独、寂寞，甚至凄凉："谬入金门侍玉除，烦君问我意何如。蟠木讵堪明主用，笼禽徒与故人疏"(《答马侍御见赠》)，"夜深草诏罢，霜月凄凛凛"（《冬夜与钱员外同值禁中》）。后来丁忧出院，因宰相武元衡被杀愤而上书，被贬江州司马，更引起他对五年翰林生活的反思，领悟到自己被贬的真正原因是翰林学士期间的直言无讳。文章最后总结说："五年间的翰林学士生活，是白居易一生从政的最高层次，也是他诗歌创作的一个高峰，但同时又给他带来思想、情绪上的最大冲击。在这之后他就逐渐疏远政治，趋向闲适。"傅文对白居易翰林生活的研究深刻地揭示了白居易思想、心理的变化对其文学创作的重大影响，使我们感到确可从唐代的翰林学士这一角度，研究唐代士人的从政心理及其所遭致的不同境遇，拓展和深化唐代文学的研究。

关于唐代翰林学士的研究，傅先生曾有一个整体构想，那就是他在《唐玄肃两朝翰林学士考论》中所说的两点：

> 一是应把重点放在当时文人参与政治的方式及其心态，从而以较广的社会角度来探讨唐代的文人生活及文学创作；二是应着重于个案研究，避免笼统而又不适当的所谓宏观概括。就第二点而言，我以为应先从不同的时代段，来看一看这翰林学士群体在不同时期所处的政治环境与

文化世态，并对有代表性的人物作某种典型性的剖析，然后可以作出总体性的，有学术价值的结论。

《论丛》甲编的这十篇文章，既有综合的考论，又有盛中唐时期翰林学士的小传，在对大量原始材料细心考察的基础上，纠正了许多成说的错误：如人们曾把李白、杜甫，与宋朝的苏轼、欧阳修、王安石、司马光同样列入翰林学士之列，事实上李白只是翰林供奉，未曾做过学士，杜甫则根本与翰林学士院无关。过去根据魏颢《李翰林集序》说李白是因为受张垍之谗才被迫离宫出走的，这种说法似乎已成定论，实则据韦执谊《翰林院故事》，张垍为翰林学士当在天宝五载后，而此时李白已被赐金放还。又如以往说翰林院设立于唐初，魏徵、李百药、褚遂良、许敬宗、上官仪都曾在翰林院内待诏，实则唐代史籍明载，翰林院是唐玄宗即位后才设立的。有的沿《新唐书·百官志》之误，以为翰林学士未进知制诰不能草诏，傅先生则举出李德裕、段文昌、钱徽、萧俛、陈夷行等人都是入为翰林学士即已草诏，然后再知制诰，等等。这一系列论文不仅对翰林学士的职责、作用、生活方式等作出准确、客观的描述和评析，而且注重反映当时的文化环境和文学氛围，如在为玄宗朝的尹愔作传时，注意到尹当时是道士，而另一翰林学士吕向又服膺于佛学，然后指出玄宗作为一国之君，把这两位释、道之士召为翰林学士，可见开元盛世确有开放气度。在为肃宗朝的董晋作传时，不仅考其生平，还重点介绍他任汴州刺史、宣武节度使时韩愈的文学活动。贞元十二年七月，韩愈入董晋幕，使他有条件约集一些文士，进行有意识的文学交流，开始与李翱、孟郊、张籍等论文说诗，相互唱和；又指出韩愈从事古文运动，主张诗格新变的开始，都是在董晋的节度幕府进行的。傅先生的这些论考，可以说是他关于翰林学士研究构想的具体实践。读着他们，一部全面反映唐代翰林学士的政治生活与文学的关系的专著《唐代翰林学士与文学》，已经呼之欲出。

二

该书乙编所收三十四篇论文重点是有关唐宋时期作家作品的考索，也涉及某些学术著作的评论。丙编所收三十八篇序文是著者为学界友人所作的书序。它们和甲编论文相互呼应，多侧面地反映了傅先生文史结合的学术思想和治学特点。

文史结合，意味着研究须以史为基础，尊重历史事实，澄其源而清其流，不从某种观念设想出发，作一种看似概括性强而实为虚拟的推想。傅先生在乙编《于平实中创新——记台湾学者罗联添先生的治学成就》一文中精辟概括说："澄其源，就是探寻问题的原始材料究竟如何，应当对原始材料作准确的搜讨与把握，而不应该以后起的或已起过变化的材料当作原始材料。清其流，就是从最初的起因出发，不带任何个人爱好与偏见，把由原始材料生发的种种解释、议论、记载，按照事物的本身发展加以清理，惟有这样，才能对课题的纵向发展与横向联系有一个历史的、全面的概括，而由此得出的结论，才会有充实的材料基础。”他在《读〈陶渊明研究资料汇编〉》一文中，指出原书收录的梅尧臣《送永叔归乾德》，从字面看是在写陶渊明，但仔细考查，却完全是指欧阳修。在《〈滕王阁诗序〉一句解——王勃事迹辨》一文中，指出《唐书》记载王勃上元二年赴交趾省亲是不确实的，事实乃是那一年秋天，王勃陪同他父亲一起去交趾，在回来的路上，王勃不幸于渡海时堕水而死。《武则天与初唐文学》一文，对从中唐杜佑《通典》开始，至陈寅恪《唐代政治史述论稿》更相发扬的一个观点，即武则天重视进士科考试，促进文学的发展作了细致的辨析，指出：唐代科举考试，一般年年举行，只是偶尔停试。从高祖武德五年起，至太宗贞观二十三年，共二十八年，停试仅两次。而唐高宗一朝，自武则天立为皇后掌管实权的永徽六年起，也是二十八年，停试竟达九次。这种情况，即使战乱频繁的唐末五代时期也是未见的，因此言武则天重视进士试不足为凭。如果轻信他人说法或二手材料，不亲自认真准确地搜集和辨析原始材料，也就难以得出如此令人信服的结论。

也许是痛感于学术界存在的不做艰苦细致的材料工作、偷懒空疏之弊病，傅先生多次撰文呼吁治学要加强基础知识修养，要从具体史实出发，避免虚空的概念演绎。陈寅恪先生为陈垣《元西域人华化考》作序时，批驳夸诞之人治学，“转可利用一二细微疑似之单证，以附会其广泛难征之结论。其论既出之后，固不能犁然有当于人心，而人亦不易标举反证以相诘难。譬诸图画鬼物，苟形态略具，则能事已毕，其真状之果肖似与否，画者与观者两皆不知也”。傅先生在《〈唐代试策考述〉序》里，特意提及此事，对当前学界故弄玄虚、自标新奇之风做了严肃的批评。他在《建议加强专题个案性的研究》一文中还说：

我们如果不从一个个具体的课题进行研究，很容易热闹了一阵之后，过了若干年，回过头来一看还是停留在原来的起点上。对文化，宏观的把握、规律性的探索，固然重要，但基础则是个体性的研究。对我们的传统文化来说，这种个体性研究，比较实际的，则是专书研究。我一向认为，专书的研究，实际上是对研究者功力的一种考验，也是我们整个研究的不可或缺的支撑。如果我们对古代若干种有代表性的专著分别做专题性研究，就会使我们整个研究基础较前更为扎实，也会使年轻的研究者得到谨严学风的熏陶。

这一观点其实和胡明先生《文学所的五十年和我的二十五年》（《文学遗产》2003 年第 5 期）所说颇有相通之处：

深井一口一口地挖必有史的意义与功德，水脉连缀一片必有江和海的浩荡景观。个人修史固然值得鼓励，但学养不全，才力不足，不如这样先一口一口地挖深井，“论”的价值决不亚于“史”。所谓挖深井，指的是提出一个观点，解决一个问题，补苴一段阙失，纠正一种认知，而决不是体制上换一番好看的构架，叙述时换一套时新的语码。

但是，如果由此认为傅先生的心眼所在是单纯的历史考索，那更是一种误解和错觉。他的文章，固然尊重历史事实，但决不是索然无味的资料堆砌，更不陷入烦琐考证，而是从历史事实中提炼出具有学术价值的观点，或引发出启人灵智的文化蕴涵来。《武则天与初唐文学》一文，在详举武氏由其爱憎，乱杀文士，大兴冤狱，大倡符兆的历史例证后，深刻指出：

唐文学的繁荣虽有各种各样的原因，但重要的原因之一，就在于这个朝代的建立之初，就已经奠定了一个比较正确的指导思想。这一开端本来可以得到正常的继续，唐高宗前十五年，新的作家群还未起，但像上官仪那样的老作家还能维持一段局面，如上面所说的既注重声情又研求格律的龙朔体；以后为四杰与陈子昂继起，正如闻一多先生在《四杰》一文中作诗意的比喻：唐初的诗歌，通过王、杨、卢、骆，“由宫廷走到市井”，“从台阁移至江山塞漠”，这本是一个开阔的前景，但为时不久，只不过十来年，却又回到宫廷，而且腾扬起一片虚假颂谀之声。初唐诗歌是有其进展业绩的，我在这里并不是加以全盘否定，只是想以此作为一个实例，说明自古以来，文学创作虽有其自身的规律，但其起衰兴落的整体是与政治大环境分不开的。我不想作古今的简单类比，但初唐时期这一特殊阶段，作为本世纪的现代人，我想是极可以理解的。初唐文学共占九十几年的时间，在整个唐代（618—906）占三分之一多。贞观以后，要过六十年，才开始有盛唐之音。武则天的时间约为五十年，比开元、天宝时期还多了好几年，比韩愈、柳宗元、白居易等活跃的贞元、元和时期多了十五年，而其文学的含金量却稀薄得多。

由武则天朝的政治延伸开去，居然恰切地找到了初唐文学发展缓慢的原因。而"作为本世纪的现代人，我想是极可以理解的"一句话，又穿越时空，将古今绾合一处，足以发人深省。

傅先生十分尊敬陈寅恪和闻一多两位现代学术大师，但对他们并不是盲目地全部接受，而是认为：在历史资料的掌握上，总是后出转精，从考据和资料上超过陈寅恪和闻一多，应当说并不十分困难。奠定陈、闻学术地位的，并不在于他们挖掘出多少和推出多少观点，而在于他们能站在新的时代高度，以通识的眼光，将各个看来零散的部分综合到一个新的整体中，使传统无意义的材料，得到全新的价值体认，从而获得一种历史和文化的整体认识。在《论丛》中，他一再重申这一观点。《温故知新，倍感亲切———重读〈元白诗笺证稿〉》一文，他对《元白诗笺证稿》中有些具体论述，如唐代进士、明经两科的分界，武则天对进士科所起的推进作用，《莺莺传》中的张生系元稹自传等，并不完全认同，但陈寅恪先生由张崔的爱情波折揭示出当时一批新兴知识分子思想的深刻矛盾，从大的文化背景来对古代作家作品作整体的考察的方法却令傅先生叹赏不已。在《奇文共赏疑义相析——〈柳如是别传〉怎样读》中，他总结陈寅恪先生的学术体系为“对历史演进所作的文化史的评论和阐释”，“这种文化史的批评不是一种偶然性和局部性，而是一种根本观点，那就是对历史、对社会采取文化的审视，这样的研究就能使某一具体事件得到整体的呈现”。在为他人之书所作的序文里，他也一再推扬这种学术理路：

> 我觉得中古文学研究之难，主要不在于如后代那样需用全力搜寻大量的不经见的材料，而是要在较高的学识素养上来细心研索材料，又要兼具文学、史学、经学的根柢，把研究对象放在社会文化的整体历史背景下加以观照。本世纪以来凡在这一领域作出较大成就者，如刘师培、鲁迅、陈寅恪、唐长孺等，都莫不如此。”（《〈中古文学史论文集续编〉序》）

人们认识到，不能孤立地研究文学，也不能像过去那样把社会概况仅仅作为文化背景贴在作家作品背上，而是应当研究一时期的文化背景及由此而产生的一个时代的总的精神状态，研究在这样一种综合的“历史—文化”趋向中，怎样形成作家、士人的生活情趣和心理境界，从而研讨出一个时代以及一个群体、个人特有的审美体验和艺术心态。（《〈唐五代小说的文化阐释〉序》）

联系到他对唐代科举、唐代翰林、唐代文学编年、唐代诗人活动群体等的具体学术研究实践，我们不难发现，傅先生的论著既对研究对象作微观具体的探讨，又有宏观整体的把握。他往往把某一作家或作品与社会历史、学术文化、精神状态贯通联系起来考察，所以他的研究兼具专精与宏通，把人们的认识引进一种清晰、深邃、开阔的境界。这正是傅先生自觉的学术追求。

三

由于傅先生给《论丛》所立宗旨之一是与此前他的三本论文集《唐诗论学丛稿》《濡沫集》《当代学者自选文库·傅璇琮卷》不相重复，因此很多精彩文章未能收录，但这部《论丛》却有不同于前此三部著作的独特魅力。傅先生在前言中说：“所收之作，不论长文或短篇，希望从总体上能反映我这几十年间的治学途径与坎坷历程。”收于本书，时间最早的是1958年夏为中华书局《邢襄题稿、枢垣初刻》而写的出版说明，最近的是2003年为大象出版社出版的《全宋笔记》所作的序，其间竟有四十多年。在这近半个世纪里，中国学术的此消彼长，风雨坎坷，在这部书里都能或明或暗地透露出消息来。对于青年学人来说，看这部书特别是后三编（丁编四篇文章，缅怀匡亚明、邓广铭、钱锺书三位学术前辈；戊编十一篇文章，是作者撰写的几篇出版说明和古籍整理的体会；己编五篇文章，介绍中国唐代文学学会）及部分书序，就像是在看老电影，当时学术发展的具体场景就这样一幕一幕的在眼前播放。这是半个世纪学术风雨的见证，对于我们更是一种难得的人生文化教育。

傅先生既是学者，又是学术的组织者和领导者。他长期在唐代文学学会等学术团体担任领导职务，又曾任中华书局总编辑、国务院古籍整理出版规划领导小组秘书长，除了以自己的学术研究来导引学风外，还在编辑业务方面给予同行许多切实的帮助。从《论丛》中所收文章，如《纪念匡亚明先生，做好古籍整理工作》《我和古籍整理出版工作》《"何时一尊酒，重与细论文"——杂忆〈学林漫录〉》《年鉴的工作要有一个总体规划》《中国唐代文学学会第六届年会"十年工作报告"》《中国唐代文学学会第七届年会开幕词》《中国唐代文学学会第八届年会开幕词》《中国唐代文学学会第九届年会开幕词》等，结合他的人生履历，我们不难感知他为整个学界付出了多少精力和心血。

早在二十世纪五六十年代，傅先生在中华书局任编辑时，就向领导建议出一套《中国古典文学研究资料汇编》，初步显示出他的学术战略眼光。这套书先后出版了《白居易卷》《陶渊明卷》《陆游卷》《柳宗元卷》《李白卷》《杜甫卷》等。他本人也编撰了近二十万字的《杨万里范成大研究资料》与七十余万字的《黄庭坚和江西诗派研究资料汇编》。它们至今仍是古典文学研究界经常利用的工具书。而傅先生的《黄庭坚和江西诗派研究资料汇编》，被钱锺书先生置于案头，钱先生在修订版《谈艺录》中，提及现代人著述的惟有两处，其中一处即为该书。

1978年以后，傅先生陆续编撰出版了《唐代诗人丛考》、《唐五代人物传记资料综合索引》（合著）、《李德裕年谱》、《唐代科举与文学》《唐才子传校笺》（主编）、《河岳英灵集研究》（合著）、《唐诗论学丛稿》、《唐人选唐诗新编》（主编）、《濡沫集》、《全宋诗》（主编之一）、《唐五代文学编年史》（主编）、《李德裕文集校笺》（合著）、《中国藏书通史》（主编之一）等等。这些著作，有的为人们提供了扎实有用的研究基础，有的开创了一时学术风气和研究格局，如《唐代诗人丛考》注重群体和地域研究，由个案考辨通向整体研究，使史料学带上了文化学的意义，将唐代文学研究提升到一个新的层次；《唐代科举与文学》以科举为中介，描述唐代知识分子的生活道路和心理状态，进而探索唐代文学的历史文化面貌，开拓出从制度史和文化史研究文学的新局面。

到了90年代，傅先生的社会职务越来越多，担子愈来愈重。他不负众望，耗费了大量时间和精力做多种学术规划和组织工作。

像《唐才子传校笺》《唐五代文学编年史》这样成于众手的大书，没有傅先生这样一位强有力的学术组织者和领导者，是不可能撰写和出版的。傅先生还组织了若干对学科建设具有重大意义的项目，如邀约南开大学罗宗强教授主编《中国文学思想通史》，借此以提高中国古典文学研究的整体理论水平；由他亲任主编，编纂一套《中国古典文学史料研究丛书》，通过对于20世纪学术的回顾和总结，使其成为古典文学研究可持续发展的基础工程。最近，他和杭州大学龚延明先生共同主编的约四百五十万字的《宋登科记考》接近完成，填补了中国科举史研究的一项空白；他还和中国社会科学院文学所的蒋寅先生共同主持了国家重点社科项目《中国古代文学通论》，力求全面反映20世纪古典文学的研究水平、学术积累和发展趋势。如今，这套从先秦至清代，厚厚七卷的著作也即将问世。在这些具有建设意义的学术活动里，傅先生老骥伏枥的壮心和豪气令人感佩。

那么，支撑傅先生呕心沥血、锲而不舍地在学术园地上耕耘的精神动力是什么呢？那就是"人文情怀"。《论丛》的字里行间，我们分明感觉傅先生"对中华的历史和文化有强烈深沉的爱，但在清理传统时总保持一种理性的自觉"（《清华学风应作进一步具体探索》）。他在《〈周易与中国文学〉序》里说："若不深入透彻地了解我们代代先人积累遗传下来的文化学术瑰宝，我们便不能有不可摇撼的民族自豪感。……的确外国很多高科技的东西中国现在也还没有，但属于精神性的东西，哲学、美学、心理学、文学艺术范畴内的不少的东西，确是中国早就有……中国学者有责任也有义务发扬光大我们自身的学术传统，向世界展示中国学术的优势，为世界学术所作出的贡献。”这种热爱自己历史和民族的人文情怀，使傅先生的学术自有一种大境界在。

与之相关，傅著还时时表现出对古人、今人深切的理解和同情。他的《李德裕年谱》在论辨是非的历史审视中，倾注了对传主遭遇的感慨；他的唐代翰林学士研究，也对封建社会知识分子身不由己命运发出深沉唱叹；他做《唐代诗人丛考》，注意数量较多的中、小作家事迹的考辨；他为今人著作所作的书序，扬人之善，涓滴不遗。傅先生从不将研究对象视为纯粹的符号，而是怀着尊重之情，将其作为鲜活的生命作全面体贴的考察，他的历史文化的整体研究其实正源于他深深的人文关怀。

在《论丛》的前言中，傅先生引了《唐诗论学丛稿》后记中的话，说明自己多年来的收获：“一是写了几本书，二是结识了不少学术上的朋友；在某种意义上说，第二个收获比第一个更宝贵。”并且以两句自作的格言作为《论丛》全书的概括：“我最大的心愿是为学术界办一些实事，我最大的快慰是得到学界友人的信知。”这朴素的话语里饱含着他对学术、对人生的深挚感情。掩卷沉思，我们从心底深处涌出了由衷的敬意！

（原载《文学评论》2005 年第 4 期，与业师陶文鹏先生联合署名）

廓清文学与历史的真实面貌

人类社会步入现代文明以来，有志于中国文化研究的专家学者，从未停止过构建堪与西方文明平等对话的中国文明体系的努力，遗憾的是很多尝试如沙上聚塔，禁不住哪怕是一小朵浪花的冲击。原因之一，便在于我们有些专家学者历史意识淡薄，过于被动等待某种西方理论家提供的最新理论武器，并将之视为研究中国文化的法宝，结果与我们民族的文化传统渐行渐远。要知道，富有民族特色的文化理论大厦，不能是空中楼阁式的观念演绎，而要建立在大量具体材料基础之上，地基夯实，大厦自能长久屹立。研究中国古代文学，只能在充分尊重自己文化传统的基础上，深入文学文献学的历史，始能自成特色，拥有长久的生命力和历史价值。在这方面，刘跃进先生的《秦汉文学编年史》可以说是一种成功的尝试。

《秦汉文学编年史》始于秦王嬴政元年(前 246 年)，终于汉献帝刘协建安二十五年(220 年)。具体分为三编：上编，秦代文学编年，始于秦王嬴政元年(前246年)，终于秦二世胡亥三年(前207年);中编，西汉文学编年，始于汉高祖刘邦元年(前206年)，终于淮阳王刘玄更始三年(25年);下编，东汉文学编年，始于光武帝刘秀建武元年(25年)，终于汉献帝刘协建安二十五年(220年)。通过逐年排比相关文学史料，涉及有关文人五百多位，试图展现四百余年间文学发展的进程。

文学史料的编年，并不是随意的资料堆砌，特别是原始资料匮乏凌乱甚至互相矛盾的先唐文学，如果没有深厚的学力和广阔的视野，结果可能真的会成为凌乱的资料杂烩。刘跃进先生长期沉潜先唐文学文献，相关著述十余种，这使他做起编年得心应手，凡历史有疑问处，如《上林赋》之作年、司马迁《报任安书》之真伪等，皆遍引诸家之说，折衷取材，使人信服，于是历史的真实面貌逐渐变得清晰起来。翻过此书，心头竟有一种奇怪的感觉，仿佛是在观看有关秦汉文人及其文学活动的历史剧，或喜或怒，或忧或惧，或悲或痴……就这样一幕一幕揭过，如在目前。通过作者的文学编年，我们清楚看到西汉武帝年间，文人竞上赋颂，而大臣奏议，多涉开边伐蛮，在这个充满扩张意志和好大喜功的时代，我们的耳边自然萦绕起“亡我祁连山，使我六畜不蕃息；失我焉支山，使我妇女无颜色”的哀怨歌声。再如汉献帝建安十三年戊子，作者排比有以下文学史实：“王粲劝刘表子琮归顺曹操。辟为丞相掾，赐爵关内侯。时年三十二岁。”“邯郸淳归附曹操，曹植科头拍袒，胡舞五椎锻，跳丸击剑，诵俳优小说数千言。”“杜夔刊定雅律。”“书法家梁鹄随着荆州平定，也归于曹操。”王粲是建安七子之冠冕；邯郸淳是魏初传古文经学的大家；杜夔及其弟子邵登、张泰、桑馥等，皆受魏武命绍复先代古乐，用至两晋；梁鹄则善楷法。这四人皆由荆州内附而入魏，荆州文人集团在汉魏文学发展中的重要作用不言而喻。这种种形象真切的历史感受，全来自作者那功力深湛、缜密客观的文学史料的逐年排比。

更为难得的，作者对文学史研究早有系统的理论思考，该书不过是他宏大学术构架中的一环。作者认为文学研究可以分为三个层次，最基础的层次是回归原典，依据文学史的实际，尽可能勾画出当时的文学风貌、文体特征及文学思想的演变过程，如文学编年研究、文学地理研究、作家精神史研究、作家物质生活考察等。因为文学一定是发生在特定的时间和空间当中的，一个作家的精神生活也离不开他的物质环境。我们只有把作家和作品置于特定的时间和空间中加以考察，才能确定其特有的价值，才不会流于空泛，《秦汉文学编年史》正是基于这样的考虑。第二个层次是综合研究的层次，即对各种文体、各门学科通盘的研究，包括资料的系统化和检索的科学化，更包括对狭隘文学观念的突破等。然后才能进入最高的理性研究层次，即对中国文学的生成观念和演变轨迹作系统的探讨。作者满怀信心地写道：“研究文学史的目的，显然不仅仅是为广大读者提供某种系统的文学发展的知识，更重要的是，还是应当从丰富多彩的文学史探索中逐渐建立起具有中国特色的文学理论框架或理论主张。在经历了一百多年的中西方全面交融的历史实践之后，新世纪的中国学者有条件创建中国的文艺理论学派。这是时代赋予我们的使命。”除了《秦汉文学编年史》之外，作者还著有《秦汉文学文献》《秦汉文学研究》二书，看来，他不仅如是说，也如是做。

（原载《光明日报》2006 年 7 月 18 日）

评《元白诗派研究》

众所周知，研究中国古代文学，概念梳理恐怕是最让人头疼的问题之一。中国古人注重感悟式思维，对一种文学现象、一个文学流派、一篇文学作品的评价往往只赋予感性的、诗意的描绘，缺少逻辑严密的层层分析和推理，如“清”“韵”“味”“神”“妙”等难以捉摸的词汇就常被用来评价诗歌，“元和”“长庆”“元祐”等表达历史时段的词也常被人们灵活指称诗歌的一种体式。我们面对这些概念时必须提高警惕，尽可能回到各自的历史场景中去使用它们。这就要求研究者既掌握大量的相关材料，又要有高度认真负责的态度。然而，在当下这社会科学表面繁荣，专著、论文呈几何级增长的喧闹中，人们习见的是那种随便抓住一个概念，却又在不同体系和层次中胡乱取证的研究。这种方法高产和时髦，却经不起时间的考验和淘汰。陈才智这部历经八年写就的《元白诗派研究》(社会科学文献出版社 2007 年 5 月版)，显然与这种“高产和时髦”绝缘。

《元白诗派研究》的对象是妇孺皆知的唐代大诗人白居易及其好友元稹开创的一种影响深远的诗歌流派——晚近以来学界相沿称为“元白诗派”。研究此课题的意义，正如陈铁民先生序中所言：“本书是第一部从流派的角度对元白诗进行整体研究的专著。书中对从现代的观念看，元白诗派之成立，以及诗派的成员、文学特征、发展状况等等流派研究必须弄清的问题，作了具体认真、细致深入、富有创见和说服力的论证、分析。”此书主体凡八章，首章从影响甚大的《诗人主客图》说起，探讨其在“诗派”范畴形成过程中的重要性，并指出其所列六派之第一派已形成了“元白诗派”颇具规模的一个雏形。然后分三章摹写《诗人主客图》中元稹、顾况之外十五名白派弟子的群相，尽可能客观地描绘其身世经历、诗歌创作及与元白诗风的关系。这部分研究看似简单，似乎只是为各人做小传，其实很见作者学识功力。如施肩吾，很少为治诗史者留意，作者却能细研其作，指出施肩吾诗内容艳丽、风格浅切、乐府诗创作具有新乐府精神等特征，从而将之划入元白诗派，对诗史空白点有所填补。再如张祜，作者从“狂者形象”“诗酒风流”“任侠精神”“遍干公卿”四个方面分析了张祜个性与李白的相似之处，似乎与元白有所背离；但同时揭示其诗歌浮艳之作与讽谏之篇兼有；新乐府创作与元白相合；律绝语言浅近、风格流丽等可入元白诗派的三大特征。并指出探讨一名诗人是否符合白派弟子的资格，在参照其交游的基础上，最终应依据个人创作而定。这种做法令人信服。

该书另外四章应该是作者用力最勤，创获最大的部分。我们不妨看一下其章节标题，它们分别是：“第三章 元白诗派的新乐府诗：第一节新乐府名义辨析，第二节新乐府创作分析。”“第四章 元白诗派的元和体诗：第一节元和体名义辨析，第二节元和体创作分析。”“第六章 元白诗派与元白体：第一节元白体名义辨析，第二节元白体创作分析。”“第八章 元白诗派与长庆体：第一节长庆体名义考辨，第二节长庆体创作分析。”作者细腻地将元白诗派分解为四个动态阶段，认为“新乐府诗”“元和体诗”“元白体诗”和“长庆体诗”，是“元白诗派”在不同时期、由不尽相同的成员们体现出的有所差异的创作风貌。“元白诗派”从时间上看，有一个从发生、发展到壮大的形成过程；从构成上看，既有着一种总体共通的东西，同时因为构成元素的多样性，也存在着差异。例如其成员组成，除元、白为主将外，在新乐府旗下主要是顾况、张籍、王建、李绅等；在元和体旗下，主要是周元范、徐凝、殷尧藩、刘禹锡；在元白体旗下，主要是张祜和施肩吾；在长庆体旗下，主要是李绅、刘禹锡。他们各自有着不同的发展脉络和不尽一致的创作思想、表现内容、艺术风格，但都可从大的范围内划入“元白诗派”。作者同时也警醒地意识到：如此的划分方式，是从今日研究需要出发，不得已而为之，并不意味着元白诗派仅有这四类创作内容，也不意味着当日的“元白诗派”存在着这样井然的创作秩序，或者说这四类创作内容之间，在逻辑上存在着明显界限。这种不从现成概念出发，作静止地一成不变地论述，而是从诗体、主题和时间等不同角度，动态考察一个诗派成立、发展、变化的做法，确如蒋寅先生所说：“显示出新的诗史认知方式与认知深度，为流派研究开辟了新思路。”

在对“新乐府诗”“元和体诗”“元白体诗”和“长庆体诗”每一分命题的具体考察中，作者必详其源流，辨其适用范围，罗列前人时贤众说之后，再断以己意。例如对“元和体”的考察，详细总结古人、今人各种意见，将“元和体”的范围，由广而狭，概括出十个层次，又分别对每个层次的具体所指、适用范围，哪种层次的概括最为学界公认，本课题研究中的使用的层次等问题详加说明，然后才进入对“元和体”的创作分析。这就使他的研究立根坚牢，富于科学性，经得住时间的考验。可以毫不夸张地说，研究元白诗派的人，从此都不能忽略掉这部书的存在了。因为作者用对材料的“竭泽而渔”和对概念的正本清源，为元白诗派的研究奠定了一个坚实的基础。

陈才智的研究，有一个共同特点，那就是高度地认真细致，犹如显微镜下的观照，使每一问题马虎不得，蒙混不了。这是一种值得大力弘扬的学风，尤其对那种什么问题都能混为一谈、煮成一锅粥的时尚研究具有针砭意义。如果说对本书或者作者本人还有什么更高希望的话，那就是希望作者能够显微镜与望远镜同时使用，将研究元白诗派与研究韩孟诗派、中唐诗坛乃至中国诗歌发展史结合起来（作者在结语部分有所涉及，可惜没有展开），这方面，日本的川合康三先生在其《终南山的变容——中唐文学论集》一书中有着较成功的尝试。我相信，凭着作者的才和智，不久就会轻而易举地满足这个希望。另外，本书的注释和参考书目稍显繁琐，尤其是几占全书五分之一的参考书目，我总觉得可以适当简化一些，虽然它有助于体现才智君作为学者的认真和无征不信。不过，这只是白璧微瑕，丝毫无损于这部专著的学术质量。

（原载《唐代文学研究年鉴》2007年卷，广西师范大学出版社2008年）

评新版《中国现代文学图志》

在杨义先生贯通古今、纵横八荒的学术历程中，“文学图志学”是其创造性的成果之一。它最早发端于由杨义主笔、中日学者合作的《二十世纪中国文学图志》，该书1995年1月在台北初版发行，1996年8月补写四节后，在北京改名《中国新文学图志》再版发行，不到一年半的时间已发行了两万套。当时著者的思路在序言里表达得很清楚：“书名‘图志’，是我们探索写文学史的一种新的形式，它意味着另辟蹊径，切入文学史的独特侧面……从一个特殊的视角，透过装帧插图，看取作家或隐或显的心灵世界，看取他们个人的修养和趣味，看取民族命运和中西文化冲突在他们心灵中的投射和引起的骚动……由图出史，形成一种新的文学史编写模式。”（1996年版《中国新文学图志·序言》）图志的实践是成功的，这从他对鲁迅的《彷徨》、萧红的《生死场》、张爱玲的《传奇》增订本三部著作封面的分析就可略窥一斑：

《彷徨》……封面画是陶元庆的杰作，底色橘黄，上有三个人坐在椅上百无聊赖地观望太阳（浙东俗称“孵太阳”），人物多用几何线条，椅背顶端卷曲，太阳颤颤巍巍的不圆而作落日状，在兼备象征和写实的笔意间，相当贴切地传达了彷徨的精神状态。

《生死场》的封面是萧红自画，一条粗暴的斜线劈向中国地图，隔断东三省。“生死场”三字，就写在东三省的位置，其间包含着何等惨痛的寓意。作者是带着这道刀痕写作的。

《传奇》增订本于1946年由上海山河图书公司梓行的时候，采用了异常奇特的封面设计——它“借用了晚清的一张时装仕女图，画着个女人幽幽地在那里弄骨牌，旁边坐着奶妈，抱着孩子，仿佛是晚饭后家常的一幕。可是栏杆外，很突兀地，有个比例不对的人形，像鬼魂出现似的，那是现代人，非常好奇地孜孜往里窥视。”（《传奇》增订本《有几句话同读者说》）这是张爱玲小说世界及其情调、色彩、韵味的极好的象征。仕女图是红色的，于古雅之中浸透了孤单、寂寞和百无聊赖，鬼魂般的现代人形却是绿色的，逾墙窥探，满不在乎地冲犯着诗书之家的礼防，给人一种压迫感和神秘感。在工笔与速写的笔调反差，以及古与今、人与鬼、沉滞的盛装与时髦的裸露的意象反差中，画面展示了一个时空错综、华洋混杂的，不应共存、而又畸形地共存，前景不堪预测、也无以预测的世界。

在著者笔下，这些由线条、色彩、构图、情调为符号的装帧插图，形成了一种特殊的语言，向人们倾诉着含量丰富的文学史和文化史信息。此书的出版，迅速引起了学术界和读者的注意和好评。著名作家萧乾称赞这部《图志》："这将是文学史上一部旷世奇书。图固然稀罕，更有嚼头的是一篇篇短文，相信下的功夫不下乎长篇的'作家论'。"北京大学教授严家炎说："这确实是一部图文并茂、引人入胜的好书，融知识、见解、趣味于一炉，是另一种形式的书话，同时也是一部直观性强、资料丰富、很有见解、很有可读性的新文学史。"不仅如此，《图志》的影响还超越了现代文学研究学科，进入到人文学科诸多领域，诱发了其后林林总总以图释史的文学、文化史写作热潮，一时间，各种图志类书籍铺天盖地而来，《图志》的创发之功不可埋没。

事隔十几年后，主笔者杨义先生却全面修订这部旧著，更名为《中国现代文学图志》，于 2009 年 5 月在三联书店重新出版。了解杨义先生的人都知道，他治学极其勤奋刻苦，富有创新精神，因此此举决不是给混乱得近乎失序的图像时代凑个热闹，也决非是对自己简单地重复，而是有其严肃认真的学理思考。

一

与旧版相比，这部新版的《中国现代文学图志》更多地展现出历史感和现代性的深入融合。自20世纪前期法国新史学出现以来，人们已经普遍意识到，历史并不像传统实证史学认为的那样可以整体性地复原，而是通过历史所遗留的痕迹来认识特定的历史，以回答现代的问题，历史应该在追求相对客观性的同时展现一种现代感。20世纪90年代，杨义先生完成他著名的三卷《中国现代小说史》后，毅然挥戈向古典小说领域进军，此时的他，其实已明确意识到这一点："现代中国文化建设应该有容纳古今智慧之精华的博大胸襟……同样理由，文学研究也须沟通古今，建立起中国文学的本体论和整体观。不然的话，搞现代文学的人抱着文学进化观，认为现代文学的每一步都是对古典文学的突破；搞古典文学的人专注于考据和版本，不与现代的心灵相接触。这就很难建立起具有中国特色、又具有充分现代性的文学学术体系。因此，古今两个学科的沟通，不仅是知识积累的量的增加，而且是价值体系和学术境界的质的攀升。"（见杨义《〈文存〉存的是我的心血和生命——在〈杨义文存〉座谈会上的讲话》）《中国新文学图志》的写作时间，适与《中国古典小说史论》交叉，这使著者时能以中国文学三千年反思新文学三十年，形成古今互动互补、互相阐释的独特观照，如对报刊的发掘，即敏锐捕捉到了现代文学与古典文学的一个根本的差异点，报刊的出现，使古今文学具有了不同的写作方式、传播方式、成名方式，以及和社会（包括和市场）的联系方式，《中国新文学图志》中有近一半篇幅是在写报刊，这为以往的现代文学史写作所未见，它很好地凸显了历史研究的现代感。但是，当时著者毕竟刚刚开始对漫长的中国古典文学的巡礼，于中国古典文学与文化虽然多有智慧的认知和感悟，却还没有形成系统的学理体系，《中国新文学图志》的历史感与现代性只是隐性闪烁在书的各章节之间。

弹指十五年，手不释卷、笔不辍耕的杨义先生，连续出版了《道家文化与中国现代文学》《楚辞诗学》《李杜诗学》《中国现代学术方法通论》《京派海派综论》《重绘中国文学地图》《中国古典文学图志》《感悟通论》等十余部专著，并发表了一系列研究先秦诸子的长篇精彩论文，在古今文学研究的交叉研究和相互发明中，感悟生发出一个充满原始生命力和创造力的前沿学术命题“重绘中国文学地图”，并逐渐形成了“一纲三目四境”的逻辑体系，即以“大文学观”为“纲”；以在时间维度的基础上强化空间维度，在中心动力的基础上强化边缘动力，在文献认证中深入文化透视三个学理上的突破为“目”；以文学的民族学、地理学、文化学、图志学等交叉学科为“境”，从而打造出一个纵横交错的立体网络文学地图，以期“对中国文学文化的整体风貌、生命过程和总体精神进行本质还原……藉以为中华民族的全面振兴，提供精神共同体的人文学术根据”（杨义《重绘中国文学地图与中国文学的民族学、地理学问题》）。以此统摄全局的胸怀和眼光，再来重新审视十五年前的《中国新文学图志》，便自然有了这部以新的面目呈现给读者的《中国现代文学图志》。

如果仅看文字内容，新版《图志》仍是四卷一百零九题，似乎没有增加什么。但原著四卷大致按“1900—1916”“1917—1926”“1927—1936”“1937—1949”的时间段排列，只有一条单向的纵的时间线索，新著却将全书结构整合为四卷十六个单元，每个单元增写一篇小序，并按照单元小序的指向调整了一些篇目的顺序，这十六篇共约五万字的小序，对现代文学的一系列基本问题作了富有现代性的学理阐释，使新著呈现出纵横结合、且具深广度的立体结构。十六篇小序，若十六张网上之纲，一引其纲，万目皆张，将原来稍显散漫的内容统摄起来，又共同组成了一张中国现代文学的立体之网。真有顾炎武《日知录·里甲》中所云“其间大小相维，轻重相制，纲举目张，周详细密，无以加矣”的感觉。作者在《中国现代文学图志·新序》里将小序涉及的中国现代文学的基本问题概括为七大类：

（一）文学所展示的晚清到民国年间精神史的谱系；（二）现代文学发生学与报刊（综合文化期刊、同人刊物、报纸副刊）、留学生运动、校园思潮之关系；（三）文学地理学题旨中的上海租界、海派与京派、文学群体流亡、文化中心聚散之考察；（四）社团流派与作家群体的人脉、学脉、文脉的承续分合；（五）文学与政治、与战争的深刻因缘，以及由此引发的文化人类学或民俗学的资源向政治审美学的转化；（六）现代文学之文体学研究的重要性，文体创新的外来动力和本土动力，以及强势文体形成的国情分析；（七）文学的完整生态的复杂性，以及雅俗文学在对峙中的互动互补关系。

这是作者远征古典文学、古民族和少数民族文学研究后，重新对其学术策源地现代文学研究领域的系统反思，是获得新的学术理解力的支撑点和超越性。现代性就在这些基本问题的历史综观和深化中获得了其内涵与形式。

二

作为新版《图志》，著者不仅在“志”的部分增入提纲挈领的小序，而且在“图”的部分也重新花费了大量心血。旧版《图志》有图五百六十余幅，新版《图志》采用新的科技手段制图，大大提高了图像的清晰度，而且增加了不少老照片和著者在全国各地进行文学田野调查所拍摄的图片，总量达到七百幅。但它不仅仅是量的增加，还隐含着著者对西方图像学理论的深入研究和丰富发展。虽然所有图像学理论家都基本认可帕诺夫斯基在《视觉艺术的含义》中的说法：“图像学就是对超越作品本身的意义的阐释。”但在对图像的理解上，西方学者却有不同的认识，罗兰·巴特认为图与像不同，像是一种历史物，是现实主义的，而图则是表现主义的；彼得·伯克在《图像证史》中却将图像界定为包括各种画像（素描、写生、水彩画、油画、版画、广告画、宣传画和漫画等），还包括雕塑、浮雕、摄影照片，电影和电视画面、时装玩偶等工艺品、奖章和纪念章，甚至包括地图和建筑在内。杨义先生则认为应该“把这些图录、人物像、书影、文字情致等多种因素，甚至还可以到文人诗意画、书刊插图、书法、印章、文物、年画、剪纸、实景照片、外国相关插图等等图画样式，把它们融汇成为一个多维的互动互释的互文性系统，融汇成具有生命情趣和人文意味的意义共同体。这种互文性的意义共同体，就是‘文学图志’”（《中国现代文学图志·新序》）。这无疑融汇并且发展了图像学的理论，使“图志学”愈趋成熟。

因此，在新版《图志》里，不仅尽可能地补入曾朴、吴梅、徐枕亚、包天笑、李叔同、苏曼殊、胡适、徐志摩、凌叔华等历史名人的旧照片，还增添了不少今天拍摄的名人故居、墓地和雕塑图片，至于手稿、封面、插图、剧照、书画、印章、木刻、拜年片、明信片等也都有适当的调换或补充。拿第二卷“美文名家朱自清”一节来说，旧版《图志》有图四幅，分别是《踪迹》和《背影》的封面，朱自清的题画词《玉楼春·春景》和为《李晨岚沅陵图残卷》题诗手迹；新版《图志》又增加了三幅图像：即“朱自清像”，“《荷塘月色》的封面”，“俞平伯初泛秦淮河时赠给朱自清的明信片”。人物相片深化了“志”历史感和真实感，《荷塘月色》封面是为了照应“志”中对该文的评价，明信片正面有俞平伯亲笔题诗一首：“《秦淮初泛呈佩弦兄》：灯影劳劳水上梭，粉香深处爱闻歌。柔波解学胭脂晕，始信青溪姊妹多。”背面则是秦淮河畔夫子庙风景。不经意间体现出旧时代文人日常生活的诗意化和雅致化。这七幅图像与志文融汇成的“具有生命情趣和人文意味的意义共同体”，让人沉迷和赞叹，真正做到了“以史带图，由图出史，图史互动，图文并茂”。

这样，新版《图志》的整体结构就表现为：十六小序的宏观视野笼罩着正文和图画，处在与正文和图画不同的学理层面，或者说，其旨趣在于进一步追求对现代文学史之审视的立体化和原理化，形成了小序、正文、图画的多元的互文性，你中有我，我中有你，循环返照，相互映衬，使生命信息在这立体结构中各具功能地传输，共同衍化出一种精神，一个生命，一座座灵魂的路标，一层层文化意义的反馈。它们引领着我们思想的漫步，一直走入中华民族博大而沧桑的文学血脉的深处。

三

必须特别留意的是，新版《图志》增加的十六篇小序，合观简直就是一部多维生动、立体丰富的中国现代文学简史。如“小序一”简笔勾勒晚清文化文学思潮中严复、梁启超、林纾这三驾马车的思想启蒙意义，以及近代报刊的出现和它对文学品格的塑造，点睛出五四新文学运动的发生学根据。“小序五”指出蔡元培赋予的道德感，陈独秀赋予的英勇的气质，胡适赋予的聪明的智性，鲁迅、周作人赋予的深刻的感性，合成了五四新文学运动多维的精神谱系图。“小序六”谈论报刊与现代文学发生和发展的关系，认为报刊的出现，改变了文学的存在形态和生命形式，因而对于现代文学而言，具有发生学和本体论的价值。“小序九”指出租界文化空间对于新文学的发展和转向，提供了五根标杆：除了“国中之国”的法权间隔带来的安全自由防火墙之外，还有触目皆是的某种西洋文明样本，现代都市生活风景线，以及输入世界最新文化思潮流派的中外文书刊，便于文学作品传播的现代商业出版体制。“小序十四”对抗战中后期文学反思性和复调性的特点做了总结，并指出其作品往往围绕四个主题：社会、乡土、家族、历史。“小序十六”论及延安及其他根据地、解放区文学的三种情结：赵树理的“文摊情结”属于个人经历型，李季的“信天游情结”属于深入生活型，鲁艺和贺敬之的“秧歌剧情结”属于集体智慧型，并引入文学地理学、边缘文化、民间文化、政治学等概念试图进行文化还原。篇篇皆如黄钟大吕，气势恢宏，思维高妙，蕴藏丰厚，对中国现代文学做了多角度、多层次的思考，读之真有八面出锋的感觉。这是作者十几年来以“天行健，君子以自强不息”的精神，潜心于古典文学的发生学、考古学、民族学的研究的必然结果，它“不同程度地融合了对中华民族精神历程之整体性的文化哲学思考，融合了对建立现代大国的学术文化气象的内在诉求”（《中国现代文学图志·新序》）。

当然，由于小序要言不烦，内涵丰富，涉及了诸多层面的学理，它也留给了读者更多的期待和空白召唤，为将来进一步充实图志提供了必要性与可能性。如第四卷中的“小序十三”，开篇即不同凡响：

> 1937年爆发的抗日战争，是中华民族五千年不磨的生命力面对危难和浩劫的大承担及总爆发。当后世的人们和外人挑剔抗战文学的艺术精致程度的时候，他们是否要扪心自问，在一个民族以三千余万的民众伤亡、三百八十万的军队伤亡，去进行世界上历时最长的反法西斯侵略的战争，以保存东方大地上的生灵和正义的时候，文学应该承担什么？文学抱持着自己的良心和人类的正义，被战争驱逐上、同时也是自己毅然走上浴血的原野，经历了世界文学中难得一见的与自己千千万万同胞一道的大迁徙、大流亡。文学的价值观也由此发生遽变，文学要在捍卫民族生存权利中获得自身的神圣的价值。这是任何人考察抗战文学时，都不应该弃之不顾的历史文化大前提。

接着，小序分析了在此历史大前提下，文学的存在方式和表达方式发生的深刻变化，包括文学存在的文化中心由于战争的撞击而散落、转移和重聚，改变了原来的文学地理状况：陪都重庆多种文学力量的攻防升沉，延安边区新政权形式下民间资源的政治审美化，昆明的学府文化对文学形式的推动，桂林的地方政治力量给文学提供的相对自由空间，战区文学对农民到战士的人性转型的探索，沦陷区“乡土文学”的特殊文化意义等等，中国文学的形态出现了前所未有的纷繁杂乱和千姿百态。而文学刊物也在流亡中体验和承担着中国人之至痛，表现出令人动容的风骨。但“小序十三”所照应的“《呐喊》《烽火》投身救亡大潮”“《七月》雄放沉郁的诗风”“《文艺阵地》的编辑腕力”“《抗战文艺》的民族激情”四篇图志，仅仅是对几种抗战初期文学刊物的速写或剪影，不足以传达小序所蕴含的政治审美学和文学地理学的丰富内涵。其他如“小序一”所照应的图志可以补充严复，“小序十四”所照应的图志可以补充家族文学主题，“小序十六”所照应的图志可以补充新歌剧《白毛女》，诸如此类，可以继续填补的图志空间还有很多。

另外，新版《图志》的“图”还停留在黑白色彩阶段，随着杨义先生学理的日益精深和信息技术的发展，一部内容与色彩更加丰富的《中国现代文学图志》的出现，决不是读者一厢情愿的奢望。这从著者那枚“重绘文学地图人”的闲章中，不是可以大略窥出端倪吗？

（原载《中国现代文学研究丛刊》2009 年第 6 期）

评刘跃进《秦汉文学论丛》

跃进先生的治学，朴实大气，不尚机巧。他善于站在历史的高度，以文学文献学为基础，将研究对象纳入具体的时空情境，给予实事求是的阐释，试图在理论上作出总结。刚刚出版的《秦汉文学论丛》（凤凰出版社 2008 年 12 月出版），再一次向人们展示这一特点。

一

《秦汉文学论丛》分为上下两编，上编以作家作品研究为重点，下编以区域文化研究为骨干，附录四篇，也与秦汉文学研究有重要关联。

上编十五篇论文侧重于点的突破，所论及的贾谊、司马相如、班彪、班固、蔡邕、蔡文姬等不仅均为两汉时期重要作家，而且论题皆能以小见大，从详赡的史料中归纳出令人信服且富有学术启发意义的观点。譬如《〈独断〉与秦汉文体研究》一文，以《独断》及蔡邕创作作为考察对象，详细研究了秦汉时期主要文体的性质、功用及其演变轨迹，并得出结论："中国古代文体学观念至秦汉已经日益明确，中国传统意义上的主要文体也多在秦汉时期基本定型。"（《秦汉文学论丛》第 171 页，以下只注页码）对于中国古代文体学研究，这应当是一个具有基点意义的成果。而本书上编所收的《蔡邕行年考略》《蔡邕著述摭录》《蔡邕的生平创作与汉末文风的转变》三文，更彰显出这一结论的意义，并使之更为确切可信。再如《〈子虚赋〉〈上林赋〉的分篇、创作时间及其意义》一文，先对司马相如《子虚赋》《上林赋》的分篇问题探源溯流，认为《子虚赋》《上林赋》"是一篇完整的作品，可以称《子虚上林赋》，亦可以简称《上林赋》"（第 72 页），然后对《上林赋》的写作时间进行缜密分析，得出《上林赋》定稿于元光元年，最后指出该赋："比较了诸侯与天子的异同，最终归结到天子，归结到一统，反映了当时士人经过一百多年的思索而得出的结论，即国家需要强大的统治，对内对外，无不如此。唯其如此，司马相如献赋之后，马上得到格外重视。"（第 81—82 页）"这样的作品，迎合了统治者的需求，因而在两汉始终得到高度的重视。"（第 85 页）使似乎纯粹考证的问题拥有了深层的史的价值。本书附录所收的文章，也可看出这种特点。如《曹植创作"情兼雅怨"说略》一文，敏锐地从钟嵘《诗品》对曹植诗歌"情兼雅怨、体被文质"的评价中，感受到"怨""质"中体现出曹植精神世界的浓郁下层文化成分，进而指出“曹氏家风以及曹植身上所表现出来的这种平民化、世俗化的倾向并非仅仅是个别现象”（第537页），而是在儒学衰微、道教兴起、佛教传入这三种文化冲突与融合中形成的东汉文化平民化与世俗化倾向的集体映射，它为出身寒微的曹氏家族脱颖而出创造了条件，而曹氏家族当政后又推波助澜，逐渐推动了建安文学的繁荣。全文见微知著，逐步拓展，实是一篇尺幅千里的佳作。

下编十篇文章侧重于面的论述，逐次剖析了秦汉文化与文学的区域分布及发展态势，显示出作者对秦汉文学空间研究的全局性把握。《秦汉区域文化的划分及其意义》一文根据自然地理与历史地理的理论，将秦汉时期的文化区域一分为八，即：三辅地区、河西地区、巴蜀地区、幽并地区、江南地区、河洛地区、齐鲁地区、荆楚地区等；又根据史传目录的著录考察各个时期的文化发展情况，指出：“西汉时期，文化中心在齐鲁地区，荆楚地区为另一文化中心。东汉则转到河洛地区，而三辅文人则上升为第二位。……总体上看，这个时期的文化发展多集中在黄淮流域和江淮流域。”（第342页）这篇文章可以说是下编的总纲。接下的《多元文化的融汇与三辅文人群体的形成》《河西四郡的建置与西北文学的繁荣》《江南的开发及其文学的发轫》《秦汉时期的“三楚”文学》《秦汉时期的巴蜀文学》《黄河以北地区的文学发展》《梁孝王集团的文学想象》《释“齐气”》《“鲁学”解》等文则对八大文化区域的兴衰变迁各有探讨，是迄今所见关于秦汉区域文学最为系统和详实的研究成果。

秉承一贯的治学风格，下编所有论断也都建立在坚实缜密的文献基础上，并体现出强烈的史学意识和历史关怀。譬如《多元文化的融汇与三辅文人群体的形成》一文，从“统一王朝向三辅地区的移民政策及其意义”“从秦汉兴衰看《吕氏春秋》的价值”“三辅地区儒法道三家并兴的历史背景”“三辅地区文人群体的形成”“三辅地区文风的变迁”五个方面，剥茧绎丝，层层深入，揭示了三辅地区作为嬴秦及西汉二百余年文化发展核心地带的历史轨迹及其成因。文章对《吕氏春秋》在秦国历史发展过程中的政治价值和在三辅地区出现的文化意义；对法度谨严的秦汉文章、喜用古文奇字的汉赋与当时法律政策的关系；对三辅文化世家的特点等，都做了独到而深刻的解读。文章还指出：西汉后期，关中地区受到严重摧残，三辅文人开始逃往西北，东汉以后，随着羌人之乱的加剧，河西人口锐减，江南地区又成为战乱中的避难所。“此后四百年间，长安的繁荣便只能定格在士人心底”（第375页）。不仅诗意地总括了东汉至隋期间三辅文化的状况，而且为《河西四郡的建置与西北文学的繁荣》《江南的开发及其文学的发轫》两篇文章埋下了伏笔。再如《释“齐气”》《“鲁学”解》两篇，从地理环境和思想文化传统等方面，对同源而异流的齐文化与鲁文化条分缕析，不仅史料详实，说服力强，而且其对长时段历史的注重与法国年鉴学派颇有神似之处。法国著名年鉴学派史学家布罗代尔认为，长时段主要指历史上在几个世纪中长期不变和变化极慢的现象，如地理气候、生态环境、社会组织、思想传统等等，相比革命、战争、地震等历史上突发事件构成的短时段和人口、劳动力、货币流通、物价、商业、财政、交通等构成的中时段，长时段才是历史的深层结构和发展基础，它对历史进程起着决定性和根本的作用。历史学家只有研究长时段的历史现象，才能从根本上把握历史的总体。跃进先生关注于长时段的研究，同样，对于战乱、作家物质生活条件等中、短时段的历史同样重视，而且他不像年鉴学派那样忽略人在历史中的主体地位，《“鲁学”解》《释“齐气”》两文就分别讨论过孔臧和东方朔的代表意义，长、中、短兼顾，主、客观并重，使他的文章显得更加雄辩。

二

任何有重大学术价值的研究都需要自觉的理论建构，理论指导往往是学术研究获得科学性的前提。跃进先生虽无专门的文学理论著作，但从他最近所发表的《新时期中国古典文学研究的回顾与展望》《世纪之交的中国古典文学研究》《世纪之交的文学史料研究》《走出散文史研究的困境》《关于魏晋南北朝文学研究的若干问题》（以上收于作者《走向通融——世纪之交的中国古典文学研究》一书，知识产权出版社 2005 年 10 月版）、《文学研究中国化的历史选择》（《中国社会科学院研究生院学报》

2007年第2期）、《新世纪中国文学研究的主要趋向》（《文史哲》2007年第5期）等一系列论文中，不难看出他在理论建构上的辛勤思考和不断实践。特别是后两篇论文，涉及文学研究的思想原则、学术方法和研究态度诸方面，显出作者在理论思考方面的系统与深化。

《秦汉文学论丛》一书，开篇于《秦汉文学史研究的困境与出路》，收束于《走向通融：汉魏六朝文学史的文献学研究》，以两篇理论文章首尾相应，囊括全书，从结构上已透露出作者自觉的理论意识。在《秦汉文学史研究的困境与出路》中，他提出一个宏大的学术理想："研究文学史的目的，显然不仅仅是为广大读者提供某种系统的文学发展的知识，更重要的，还是应当从丰富多彩的文学史探索中逐渐建立起具有中国特色的文学理论框架或理论主张。在经历了一百多年的中西方全面交融的历史实践之后，新世纪的中国学者有条件创建中国的文艺理论学派。这是时代赋予我们的使命。"（第17页）并以秦汉文学史研究为例，揭出实现这一学术理想的三重境界。

所谓三重境界，实际上是先后有序的三重研究方法。第一重境界是最基础的工作，"即根据秦汉文学史的实际，尽可能地勾画出当时的文学风貌、文体特征及文学思想的演变过程"（第11页）。作者认为所谓文学风貌，"应当从纵横两个方面着眼。编年史为'纵'的基本线索，文学地理及文人流布则为'横'的主要线索"（第11页）。所谓文体特征，指的是突破了西方纯文学观念的中国传统各类文章体裁的特征。所谓文学思想，指的是“影响和左右中国古代文学发展的最主要理论主张和重要命题”（第13页）。作者非常信奉恩格斯在《反杜林论》中的话：“一切存在的基本形式是时间和空间，时间以外的存在和空间以外的存在同样是非常荒诞的事情。”因而注重将文学史涉及和研究的各种对象（包括社会、作家、作品、读者）回溯到具体的时空中，尽量还原其历史的面貌。

第二重境界是综合研究，“所谓综合研究绝不是一般意义上的泛泛而论的大视角，而是对各种文体、各门学科作通盘的研究，包括资料的系统化和检索的科学化，更包括对狭隘文学观念的突破”（第14页）。如果说第一重境界相当于辩证逻辑学中的分析，第二重境界则有类于分析基础上的综合，即思维把事物的各个部分联结成一个整体加以考察的方法。只有在第一重境界有相当程度的实现，才有可能真正进入第二重境界。作者曾描绘过这样一幅图景：“中国传统的学问历来强调文史不分，就‘文’的内部而言，更是门类相通，水乳交融。中国古典文学从其产生之日起，就与音乐、舞蹈、绘画等具有天然的联系。随着自身的成熟壮大，逐渐脱离了这些姊妹行当而走向独立。但是，近年来的研究趋势，又将它们联系到一起，这就是数字化带来的积极成果。我相信在不久的将来，多媒体文学史即将问世。我们过去比较关注书面文字材料，新的时代要求我们更加注重相关的背景资料，音乐、绘画、舞蹈又将走到一起，构成一个全新形态的文学史。到那个时候，我们的文学史才算真正跨越一个台阶。”（第 16 页）显然，这并不是眉毛胡子一把抓的混和，而是更高层次的一种综合。

第三重境界是对文学史作更加理性的思考，进而创建具有中国特色的文学理论命题及文学理论体系。（第 17 页）

三重境界说不同于过去研究者将文献实证、文学解读、理论思考视为三个由低到高的文学研究层次，而是独辟蹊径，强调做实做厚，强调融汇贯通。每一重境界，实际都有文献、文学、理论三者的参与，比如第一重境界就包括了文学风貌、文学体裁、文学思想的系统梳理与研究。因此三重境界说实际是对传统研究观念的一种突破，具有方法论上的重要意义。

《秦汉文学论丛》和此前完成的《先秦两汉文学史料学》（中华书局 2005 年 2 月版，与曹道衡先生合著）、《秦汉文学编年史》（商务印书馆 2006 年 5 月版）被作者合称为秦汉三书，它们为三重境界说提供了示范和例证。《先秦两汉文学史料学》对先秦两汉文学史料的特点、分类和内容做了系统甄别和梳理。《秦汉文学编年史》则逐年排比秦汉期间相关文学史料，涉及有关文人五百多位，历时性地呈现出四百余年间文学发展的进程，完成了第一重境界“纵”的线索。《秦汉文学论丛》的下编分门别类，探讨了秦汉时期不同区域文化的特点及兴衰变迁，使第一重境界“横”的线索也得以清晰呈现；上编的作家作品研究，则是对秦汉时空纵横坐标点上的文献清理与理论阐释。秦汉三书虽然基本属于第一境界的范围，但却显出作者对于文献、文学、理论等诸般武器的娴熟运用。又譬如《贾谊的学术背景及其文章风格的形成》一文指出贾谊因政治上的锐意独行而贬谪长沙，从而形成他融有南方巫风的黄老思想，在文章中表现为政论文的轩昂霸气和辞赋的凄丽悱恻；回归朝廷之后的信心重燃和适意心情恰应对了后期策疏文的恬淡理密与气势捭阖兼具。贾谊《左传》学的造诣使他的文章平添文藻，他对古今南北不同时地文化的镕铸，又使他的作品为学术史留下了弥足珍贵的史料。《蔡邕的生平创作与汉末文风的转变》一文将蔡邕的思想与创作放在东汉末叶复杂的政治斗争和文风转变的历史背景下加以考察。首先描述了蔡邕三次入京的经过，以此为线索，深入分析了他的政治追求和性格特征。其次，论述了蔡邕的学术文化活动和在艺术方面的精深造诣。再次，从文学发展的角度论述了蔡邕的文学成就，特别是碑铭创作的特色。最后，展现了蔡邕在汉魏文风转变过程中的重要地位，即：在文人利益集团形成过程中，蔡邕的创作起到了推波助澜的重要作用，特别是蔡邕晚年，地位显赫，建安时期很多作家都得到过蔡邕的提携和延誉；从文学风尚的变迁来看，东汉前期的文学多少还继承着西汉以来庄重典雅的传统，其后，由清峻而华丽，由通脱向壮大，这种转变，在蔡邕的《青衣赋》《述行赋》等创作中已经初露端倪；蔡邕是汉末文体学研究的重要学者，《独断》一书不仅总结了秦汉以来的文体学成就，也为后来的文体学研究开启了方向。这些具有丰富学术价值的论证，如果没有对历史环境及相关文献的深入把握，没有对文本细腻品鉴的功夫，没有清晰的问题意识和理论眼光，将无从想象其产生。

作者在《秦汉文学史研究的困境与出路》中说："完成《南北朝文学编年史》之后，我就开始把研究工作的重心转向秦汉，因枝振叶，沿波讨源，希望能够站在一个比较广阔的历史背景下观照中古文学发展的内在脉络。"（第3页）在《走向通融：汉魏六朝文学史的文献学研究》中又说："中国古典文学研究界正悄然经历着深刻的变化，我们已经走出了过去那种单一僵化的研究模式，已经摆脱了过去那种界域分明的狭隘心态，以务实求真的态度拓展研究领域。最大的变化还是学者的研究意识的强化，文学本位意识、文献基础意识和理论创新意识都得到了前所未有的全面关注。"（第607）从作者已经完成的秦汉三书来看，他正自觉地践履着自己的学术观念。

三

20世纪80年代起，学术界大量引进西方各种文艺理论思潮：接受美学、精神分析、分析哲学、信息论、完形心理学、现象学、俄国形式主义、新批评派、结构主义、后结构主义、社会学派、神话学派、阐释学、叙事学等，大大丰富了文学研究，但也带来了一些负面效果。一方面，由于各种思潮均来自西方，不可避免地要受到西方文学观念的牢笼，使文学研究的范围过于狭隘，只对中国文学史上极少数审美的抒情的文学作品予以关注，忽略了丰富多彩的中国文学传统本身。另一方面，新批评派、结构主义等文艺批评在使文学研究摆脱作为政治的附庸，回归到肌质、结构、意象、反讽、张力、隐喻、语言技巧等作品本身上固然其功非浅，但“意图谬误”“感受谬误”等理论斩断了作品与作家、读者的联系，将作品视为文学活动的本源，弱化了研究者对具体历史社会条件的探究，结果容易造成程千帆先生所说的那种现象：“《春日寄怀》用理论可以分析得头头是道，但它恰恰是李义山写得最差的一首。”（蒋寅《学术的年轮·立雪私记》，中国文联出版社 2000 年版）甚至为某些人玩弄小聪明和偷懒制造借口，致使大量的文学研究成果经不起历史最基本的检验，近些年来一些研究著作被人嘲弄为个人创作和幻想，可以说是对科学研究的极大讽刺。另外，它还使文学研究的边界日益模糊，引进理论本来是为了解决文学问题，但却使文学研究越来越像是社会史、哲学史、美学史的引证素材，文学成为别的学科的打工者，“文学研究者变成了业余的社会政治家、半吊子社会学家、不胜任的人类学家、平庸的哲学家以及武断的文化史家”（哈罗德·布鲁姆著《西方正典》，江宁康译，译林出版社 2004 年版）。以上种种偏颇，其根源在于未能认清中国传统文学的实际，脱离了中国文学生成、发展的具体历史土壤，将文学做了过于宽泛化或过于狭隘化的理解。

于是，如何正本清源，如何认识和回归中国文学本身，就成为新世纪中国文学研究的重要课题。跃进先生对此感同身受，在不同文章中，多次强调文学观念的重要性。他认为：“文学观念的更新是学术研究进步的最重要的推动力量……我们对于文学空间、时间、物质、精神以及文体研究的关注，其实都在试图寻找着中国文学研究的突破口。”（第606页，《走向通融：汉魏六朝文学史的文献学研究》）为此，他努力身体力行，以秦汉文学三书作为对这一世纪课题的成功回应。他满怀信心地说：“改革开放二十多年来，中国古代文学研究界从历史上的正反两个方面总结了经验教训，不再固守着纯而又纯的所谓‘文学’观念，也不再简单地用舶来的观念指导中国文学研究实际，而是从中国文学发展的实际出发，梳理中国古代文学发展演进的线索。特别是新的世纪，这种变化呈加速之势。最明显的两点变化表现在，第一，我们已经不满足于对浅层次艺术感的简单追求，而更加注重厚实的历史感；第二，我们也已经不满足于对某些现成理论的盲目套用，而更加注重文献的积累。当然还有其他内容，但我以为这两点是最重要的变化，它在某种程度上昭示着中国古代文学研究正逐渐走向融会贯通的境界。总而言之，研究文学必须跳出文学，研究中国文学必须跳出中国范围，这样才能‘走向通融’——多种学科的通融，古今中外的通融。当然，这种通融不是为了炫耀虚幻的博学，而只是为了求得历史的本真，因为在中国的学术传统中，一切本就是通融的。”（第598页，《走向通融：汉魏六朝文学史的文献学研究》）也许，这是《秦汉文学论丛》带给读者更深层次的启示。

高远的历史眼光、扎实的文献功夫、辩证的治学思路，自觉的理论探索，使《秦汉文学论丛》一书不仅雄浑大气，而且颇有《孙子·军争》中所言“正正之旗”“堂堂之阵”的厚重感觉。可以说，作者一方面努力传承古今优秀学者的治学传统，同时，又在学术研究方面努力追求更高的层次，创造新的气象。

我们在平时交谈中，作者多次表示，秦汉文学还有很多重要问题有待深入开掘，譬如作者划分的八大区域文化，最重要的河洛文化就没有专题论列，而只能以《梁孝王集团的文学想象》作为冰山的一角。作者不无谦虚地表示，河洛文化涉及的问题太复杂，其中任何一个区域，譬如南阳文化、譬如汝颍文化等，都可以独立成篇。而这些问题，牵涉甚广，还需要更深入的研究才能有一得之见。因此，本书就没有展现这方面的成果，这当然是一种缺憾，也给读者带来了某种期冀。另外，本书所收论文写于十年间，发表在不同的刊物上，因此，观念和材料方面难免有重复之处，某些文字细节还可进一步推敲。据我所知，作者正与徐公持先生合著《秦汉文学史》，因有秦汉文学研究三书作基础，我们有理由期待：上述问题不仅可以得到圆满解决，而且，从宏观的角度看，该书也一定能够进一步推动秦汉文学研究向纵深方向发展。

（《中国文化研究》2010 年第 1 期）

从地域和家族视角看《宋登科记考》的文化价值

对于科举制的研究，百余年来取得了不少可观的成果，如国内学者程千帆《唐代进士行卷与文学》、傅璇琮《唐代科举与文学》、吴宗国《唐代科举制度研究》、刘海峰《科举考试的教育视角》，国外学者荒木敏一《宋代科举制度研究》、贾志扬《宋代科举》、何炳棣《中华帝国的成功阶梯》等，都堪称代表。但唐代已有《登科记考》《登科记考补正》，明清亦有《类姓登科考》《明清进士题名碑录索引》《清朝进士题名录》，宋代却缺少一部全面记载科举基本情况的史料书。由傅璇琮先生主编、龚延明先生和祖慧先生编撰的近五百万字的《宋登科记考》（江苏教育出版社 2009 年 11 月出版）的问世，终于弥补了这一项科举史研究中的空白。

这部宏著，内容丰富，不仅收罗到了宋代四万余人的登科名录，而且编撰体例周详，材料考订态度严谨。它既有两宋科举大事记，按朝代、年号顺序，以年、月、日系之；又有两宋各种科目登科名录以及特赐名录，登科名录系于相应年月之下，凡无具体登科之年的登科人，作为附录，按姓氏笔画列于全书最后。《宋登科记考》的大事记与登科名录，其实是一部有宋一代三百余年的科举编年史。大事记辑录宋代科举方面的诏令、历届科举试之知举官与考试官，及有关各种规定、考试情况等，据此可以较为全面地了解宋代科举制度的沿革与进展。登科名录不仅提供大量人名，而且每人都撰有小传，包括姓名、字号、籍贯，以及何种科目登科、登科之年、初授何官、历官、终任官等内容，登科人小传之下，又附有主要资料出处，以示无征不信。凡所引材料有疑误者，酌加按语予以简明扼要的考订或说明。从另一方面看，它可以为两宋政治制度、士人仕宦、地域文化、家族文化等提供丰富的资料支撑和富有启发性的学术命题。这里仅从地域和家族两个角度谈谈《宋登科记考》的文化价值。

一

学术界有种观点认为：北宋时期文化中心在以汴、洛为首的北方，至南宋始完成从北方到南方的转移。这种观点自然有其合理因素，但并不全面，缺少更为具体的辨证分析。如果“文化”是指包含政治和经济在内的“文化”，那么说北宋的政治中心在北方固然可以，说经济中心也在北方则不妥。事实上自中唐以后，中国的经济重心已经南移，东南漕运在玄宗时代已备受重视，安史乱后，全国粮食和财赋的来源，主要仰赖于东南八道，权德舆至有“天下大计，仰于东南”（《新唐书·权德舆传》）之论。尤其是北宋后期，大规模水利工程的兴建，更使江南地域经济的开发达到高潮（参斯波义信《宋代江南经济史研究》，方键、何忠礼译，江苏人民出版社2001年版）。如果“文化”是专指与政治、经济两类并列的文化类精神活动及其产品的“文化”，如学术、文学等，那么说北宋学术中心在北方则可，北方文化家族的确有重视对道德性命探讨，以学术思想著称的特点，如洛阳程氏（程颐、程颢）、邵氏（邵雍、邵伯温、邵博等）、蓝田吕氏（吕大防、吕大钧等）；说北宋文学中心在北方则有疑问，因为南方的文化家族倒是大多以文学知名的，“唐宋八大家”中的宋六家皆为南方人士即为一证。其实不论文化是包括政治、经济在内的文化，还是专指精神活动及其产品的文化，它都是由人才创造的。《宋登科记考》恰好为我们从人才角度探讨南北地域文化提供了较好的范本。我们这里不妨以太宗朝登进士科人士来做一分区域统计。

选取太宗朝，是因为太祖开宝七年始灭南唐，太宗太平兴国三年（978）清源节度使陈洪进和吴越国王钱俶始纳土归顺，南北比较始具意义。太宗在位二十一年间，共举行了八次科举考试，录取进士1487名，由于年代久远，登科人名考索不易，《宋登科记考》利用各种文献，能够考出进士科登第人442名（其中不详地域者41人），实属难能可贵。我们下面这张表格，逐年列出了太宗朝各区域（按今天行政区大致范围）进士登第人数：

	太平兴国二年977年	太平兴国三年978年	太平兴国五年980年	太平兴国八年983年	雍熙二年985年	端拱元年988年	端拱二年989年	淳化三年992年	总计
全国进士数	109	74	121	229	255	160	186	353	1487
《考》录数	36	21	41	56	76	28	71	113	442
福建	7	2	3	11	13	11	16	24	87
江西	2	0	3	5	11	0	16	24	61
四川	1	1	6	6	6	3	8	13	44
河南	6	4	5	3	6	2	3	7	36
安徽	1	0	5	2	4	1	8	5	26
山东	7	2	4	4	4	0	1	3	25
陕西	1	2	3	2	4	2	1	5	20
江苏	0	1	1	2	6	1	2	6	19
河北	3	3	6	1	2	0	2	2	19
浙江	1	0	0	2	1	2	6	6	18
湖南	0	1	1	7	4	0	1	2	16
山西	0	2	0	0	3	0	0	5	10
广东	1	1	0	0	2	2	1	0	7
湖北	0	0	0	1	1	0	0	2	4
京津	1	0	1	1	1	0	0	0	4
广西	0	0	0	0	0	0	1	0	1
高丽	1	0	0	0	0	0	0	2	3
西羌后裔	0	0	0	0	0	0	0	1	1
不详	4	2	3	9	8	4	5	6	41

（按：太平兴国五年河南进士张嵩与张峤当为一人，“峤”避讳缺笔，误作“嵩”，为统计便利计，表中未予扣除）

从上表可以清晰看出，福建、江西、四川分别位于前三甲，几乎占据了登第进士的半壁江山，福建尤其引人注目，河南、山东、河北进士登第人数的总和还赶不上福建一省。赵宋王朝的开国初期，进士人才即大多来自南方，这个结果多少令人有些意外。因为太宗淳化三年殿试始用糊名制，之前的考试，考官可以看到考生姓名。而北宋初期朝廷重臣多为北方人，对新征服的南方才士时有轻视。在这样不利的环境下，福建科举登第人数能够雄踞榜首实足称奇。邵伯温《邵氏闻见录》卷一云：“祖宗开国，所用将相皆北人。太祖刻石禁中曰：‘后世子孙，无用南士作相，内臣主兵。’至真宗朝始用闽人，其刻不存矣。”宋人笔记《野客丛书》《云麓漫钞》《道山清话》中也有类似记载，可见这则传言的影响。传言未必为真，但宋初北方人确曾阻挠南方人入主枢庭。宋太宗任命福建进士刘昌言为枢密副使时，有人就以其是闽人阻挠：“（刘昌言）后判审官院，未百日，为枢密副使。时有言其太骤者，太宗不听。言者不已。乃谓：‘昌言闽人，语颇獠，恐奏对间陛下难会。’太宗怒曰：‘我自会得。’”（吴处厚《青箱杂记》卷六）闽南话的难懂居然成为被人攻击的把柄。宋真宗欲以江西人王钦若为相时，也遭到了河北宰相王旦的强烈反对，以致十年后王钦若才如愿以偿，钦若曾云：“为王子明（王旦字子明）故，使我作相晚却十年。”（《续资治通鉴长编》卷九十天禧元年八月条）朱彧《萍洲可谈》卷三记载了一则更为有趣的故事：

吕吉甫太尉自言其家不利女婿，不唯碌碌无用。如长倩余中成，婚二十余年，元祐初观望朝廷，上疏乞诛吕吉甫谢天下，后竟离婚。……余表侄李熙蝦，狂生，登第。

> 吉甫以孙女妻之，自延安帅遣人纳吉，礼貌甚盛。熙𤔡在京师，忽诣开封府投牒，愿离婚。蔡元长尹京，惊问所以。并无违律及不争财物。熙𤔡但言平生不喜与福建子交涉。元长怒叱出，卒成婚。其时人谓吕家风水已应。中州人每为闽人所窘，目为福建子，畏而憎之之辞。吉甫、元长皆闽人，故熙𤔡戏之耳。

朱彧的表侄李熙𤔡是常州人，居然也对更南方的福建人抱有偏见。吕惠卿（字吉甫）将孙女许配给他，他却以“不喜与福建子交涉”为辞，结果惹得同是福建人的蔡京大为恼怒，强令成婚。“福建子”大约是当时称呼福建人的一个贬义词。其实从《宋登科记考》太宗朝进士人才的分布看，这些偏见和轻视正反映出南方文化的强势进入对北方人构成的一种压力和威胁，“中州人每为闽人所窘，目为福建子，畏而憎之之辞”，这可能是道破天机的一句实话。福建经历了唐五代以来的长期压抑和积蕴，唐中宗神龙元年至五代后唐明宗天成年间的220多年，中进士仅50余人，其能量遂集中至宋而爆发，似是理所当然之事。况且宋初科举特重诗赋，使文学传统积淀较厚的南方人能够发挥所长；宋代取解各地虽有限额，但取进士并未规定地域名额（不像明清各地域录取人数有定额），使南方人有更多机会登上由科第入仕的政治舞台。据统计，宋代仅福建一省进士数就高达7000余人（据《福建通史·宋元卷》第369页，福建人民出版社2006年版），因此才有将“福建出秀才”列为天下第一之事（北宋太平老人《袖中锦·天下第一》）。

可能有人会以南方文献的保存优于北方来质疑我们利用《宋登科记考》统计南北方人才的数据。诚然，《宋登科记考》的编纂较多地利用了地方志，而南方地方志的纂修和保存通常要优于北方，这样在数据统计上可能北方要吃亏一些。但我们看看真宗朝咸平元年（998）和咸平五年（1002）的登科情况，就会明白统计数据的结果大体可信。这两科由于录取人数较少，竞争十分激烈。咸平元年科共取进士 51 人，《宋登科记考》考出 34 人，其中福建进士有王昱、阮昌龄、李庆孙、吴千仞、柳宏、黄宗旦、杨子禛、郑褒 8 人；咸平五年科共取进士 38 人（应试人数达 14562 人），《宋登科记考》考出 26 人，其中福建进士有吴济、吴曜卿、章得象、詹靖、刘若虚、萧楚材 6 人。这一不完全统计的数字显示，福建人才的兴盛绝非偶然所致，而是一个从北宋初期就已开始并持续发展的客观事实。

二

从家族视角看《宋登科记考》，有两点值得注意。一是同一家族的成员多有于一科中同时登第或于相邻科中先后登第。二是家族有仕宦背景的登科者数量要多于布衣出身者。

仍以太宗朝登科进士为例。同科或先后登第的家族人员，福建有李寅（雍熙二年）、李虚己（太平兴国二年）父子；翁处休、翁处恭兄弟（雍熙二年）；陈世人、陈世则、陈世卿兄弟（雍熙二年）；刘昌言（太平兴国八年）、刘昌龄（端拱二年进士）兄弟。江西有李简能、李简尧兄弟（太平兴国八年）；曾致尧（太平兴国八年）、曾士尧（淳化三年）堂兄弟；胥正平、胥正伦兄弟（端拱二年）；乐黄目、乐黄裳兄弟（淳化三年）。四川有陈尧佐（端拱元年）、陈尧叟兄弟（端拱二年）；李周士、李周道兄弟（端拱二年）。河南有吕龟祥、吕蒙正叔侄（太平兴国二年）；师颃（太祖建隆二年）、师仲回（端拱元年）父子；孙何（淳化三年）、孙仅（真宗咸平元年）兄弟；高南金（雍熙二年诸科进士）、高鼎（淳化三年）兄弟（《宋登科记考》误鼎为南金之子）。安徽有俞献可（端拱元年）、俞献卿（真宗咸平二年）兄弟。浙江有钱昆（淳化三年）、钱易（真宗咸平二年）兄弟；龚纬（淳化三年）、龚纪（咸平三年）兄弟。山东有王沔（太平兴国二年）、王淮（太平兴国五年）兄弟。河北有赵晙、赵曮兄弟（太平兴国二年）。陕西有宋泌（太平兴国二年）、宋湜（太平兴国五年）、宋沆（太平兴国五年）兄弟；杨日休、杨日华兄弟（端拱二年）。湖南有文元美、文元望兄弟（太平兴国八年）；欧阳程（太平兴国八年）、欧阳泽（咸平二年）兄弟。

这一现象在唐代极其罕见，但在宋太宗朝则一下出现了几十例，而且太宗朝后愈演愈烈。如在文学史上具有特殊意义的仁宗嘉祐二年，除了曾巩及弟曾牟、曾布，从弟曾阜，妹夫王无咎、王彦深一门六人同时登第外，还有李毅、李大昕父子，蔡元导、蔡承禧父子，苏轼、苏辙兄弟，汪汲、汪淇兄弟，林希、林旦兄弟，黄湜、黄灏兄弟，王回、王向兄弟，邓戒、邓辟兄弟同登此榜，成为宋代科举中的一大景观。家族中人同榜或连续登第，就构成了科举家族。它既表明家族作为一种特殊的文化因子已经加入科举文化圈中，同时又形塑出宋以后官僚队伍新的面貌，有的研究者甚至认为："清代从中央到地方政权的庞大官僚队伍，主要集中在几百个著名科举家族之中。"（张杰《清代科举家族》第316页，社会科学文献出版社2003年版）

再来看看《宋登科记考》中所录太宗朝442名进士的家世情况，他们大多家世无法考索，有明确家世可考者不过百余人。其中祖、父两代未有仕宦、布衣出身的只有张齐贤、田锡、王禹偁、马诰、张咏、李士衡、陶弼、孙冕、胡则、俞献可、俞献卿、赵稹、魏清、欧阳载、薛奎等不足二十人，其他人物三代之内均有功名可寻，如李至、吕蒙正、温仲舒、苏易简、王旦、向敏中、晁迥、李沆、寇準、钱若水、赵安仁、陈尧佐、盛度、张知白、孙何、丁谓、王钦若、王曙等知名人物，皆来自仕宦之家。

应该注意到，这同样不是太宗朝独有的现象，太宗朝之后的登第者，有仕宦背景的数量大约不会少于布衣出身者。科举与做官发财的直接联系，使科举制度深入人心，受到全社会的追捧。仕宦家族、财富家族、文化家族显然在科举考试中比孤寒之士处于更为有利的地位。李弘祺的《宋代教育散论》（台北东升出版公司1980年版）、《宋代官学教育与科举》（台北联经出版社1994年版）和贾志扬的《宋代科举》(台北东大图书公司1995年版）对此有较详细的探讨。这似乎与曾经流行的认为宋代科举平民出身者较多，具有较高开放性和流动性的观点不甚吻合。但我们如果注意到读书需要必要的经济条件和文化条件作为支撑，就不会真的相信宋代是一个完全对平民开放的社会。即使是那些决科而起的布衣人物，也往往成为新的仕宦家族的起点，他们以身作则，鼓励、指导和帮助着家族后人不断登科入仕，以图维持家族长久的兴盛。上举太宗朝布衣出身的进士，其后代大多有着登科记录，从而成为新的“世家”——科举家族中的一员。

当然，即便如此，宋代科举的积极性也不容低估。毕竟糊名制使考试在形式上具有了平等性，再加上知识、智慧、勤奋、运气等综合因素的作用，即使是注重教育的仕宦之家，也很难保证后代一定能够金榜题名，因此考试结果总是呈现仕宦背景者与平民出身者互有胜负的局面。“穷不过三代，富不过三代”，社会流动真实的存在，既聚拢了士心，唤起了民众的向往之情；又发展了文化，稳定了社会。至于科举制毒害士心、浪费人才、巩固专制等弊端，论者已多，此处不赘。

三

如果能够对《宋登科记考》中所有资料做一统计分析，相信我们对地域和家族问题会有更加深入和全面的看法。如南宋士族是否存在与北宋截然不同的“地方精英化”？必须仰仗更为全面的数据分析才有望推进对此问题的认识。据《宋登科记考》的科举大事记，太宗朝赴京参加礼部试的举子动辄成千上万。太平兴国二年，发解贡士5300余人；太平兴国八年，发解贡士10260人；雍熙初，贡举人亦逾万计；淳化三年，诸道贡举人17300人。由于人满为患，不得不规定赴两京、国学、各道州府学赴礼部试解额比例为一百人只解二十人，但真宗咸平元年的解额仍将近二万人，这也意味着全国至少有十万举子赴乡解去争取解额，但太宗朝录取名额显然是杯水车薪，绝大多数落第的文化人恐怕只能在地方以幕士、塾师、儒商、术士等身份谋生。大量士子盘踞乡里、沉没下层，固然是才士之不幸，但也因此形成了拥有相当社会资源和文化权力的地域精英网络，促进了地域文化的发展。这个问题虽然在南宋因国土狭小、文化普及、应试人数增多、留存后世文献较丰富等因素进一步凸显，但似乎并不足以说明南宋士人始实现了“地方精英化”。再如对登科者家世背景的探讨，虽然我们从有限的数据和常理上推断有仕宦背景者的数量不会少于布衣出身者，但确切的判断仍要等到对《宋登科记考》数据的全面统计后才能得出。

中国的科举制度始创于隋，形成于唐，成熟于宋，发展于明清，寿终于清光绪三十一年八月，这位经历了一千三百年风雨的长寿“老人”，担负着为社会选拔官吏和聚拢人心的艰巨任务，而传统中国恰恰又是官本位的社会，这就使科举制对中国的政治、经济、文化及社会生活的方方面面都产生了无法忽视的影响。《宋登科记考》为我们全面看待这些问题提供了一个位置绝佳的窗口。

（原载《清华大学学报》2010 年第 3 期）

评曾枣庄、吴洪泽《宋代文学编年史》

优秀的史家应该具备如刘知幾所说的“三才”，即史学、史才和史识。史学，可指较丰厚的前期知识储备；史才，可指统驭和组织这些知识的技能；史识，可指面对史实的洞察力、理论的概括力和道德倾向性。从这个意义上来说，曾枣庄、吴洪泽先生所著《宋代文学编年史》（凤凰出版社 2010 年 4 月出版），就是一部“三才”俱备的学术著作。

只要略微关注著者的前期成果，就无人怀疑《宋代文学编年史》会在“史学”上出现问题。曾枣庄先生主编过《全宋文》《中华大典·文学典·宋辽金元文学》《三苏全书》，出版过《苏洵评传》《苏轼评传》《苏辙年谱》《苏辙评传》《三苏传》《三苏文艺思想》《三苏选集》《苏诗汇评》《苏词汇评》《苏文汇评》《唐宋文学研究》《宋代文学与宋代文化》《论西昆体》《宋文纪事》《宋文通论》《集部要籍概说》等数十部专著，可谓著作等身。吴洪泽先生主编过《宋人年谱丛刊》，是《中华大典·文学典·宋辽金元文学》的副主编、《全宋文》的重要成员，并与曾枣庄先生合著过《中国文学家大辞典》（宋代卷）、《宋代辞赋全编》等。正是凭着长期的沉潜和积累，皇皇四大卷，近三百万字的《宋代文学编年史》才令人信服的顺利完成。

董乃斌先生评价傅璇琮先生主编的《唐五代文学编年史》时说："这部皇皇四巨册的著作有个一眼可见的特点：其内容的构成大不同于一般流行的文学史，没有那些文学史中占据大部分篇幅的分析性、评价性、议论性文字，而完全是以丰富翔实的原始资料按年月编排而成，用一句俗话来说，就是这部书全都是'干货'、'实料'，而杜绝了任何空言。"（《文学遗产》2000年第5期）这段话几乎可以一字不移地用来评价《宋代文学编年史》。因为该书同样突出资料性，强调实证性，基本以丰富翔实的原始资料编排而成，不以铺叙描述或议论评析为主。即使是一些评价性、议论性文字，也是节录或概述前人定评，并注明出处，尽量杜绝空言。凡对同一文学事件，各书记载有歧异者，均择善而从。无旁证资料可资考订者，则并存诸说，态度十分慎重。编年的内容则包括对文学有重大影响的历史事件、文学事件、文学结社(流派)、文学家、文人交往、文学名著、名篇以及宋人对前代文集，尤其是唐代文集的研究整理和评论等各个方面，范围广阔，网罗丰富。为了给读者提供较为可靠的史实，该书在材料考订上用功颇深，不仅注重原始材料的挖掘，而且注意利用新的研究成果。如苏轼《屈原庙赋》系年，王文诰《苏诗总案》卷一、吴雪涛《苏文系年》、孔凡礼《苏轼年谱》卷三均系于嘉祐四年(1059)冬。该书据宋人郎晔《经进东坡文集事略》卷一《屈原庙赋》题下注引晁补之语，改系为治平三年十二月，郎晔为宋人，晁补之是苏门四学士之一，其言自当更为可信。再如该书据《宋初诗人赵湘考论》(《文学遗产》1998年第5期)，定赵湘生于959年，卒于994年；据《〈文苑英华〉收录诗文上限考略》(《文学遗产》2004年第3期)，定《文苑英华》收书实从魏晋起；据《文史》第二十八辑所载程遵彦《宝文阁待制程节墓志》，定程节生于1033年，卒于1104年；据《文史》第三十辑所载《曹豳墓志》，定豳生于1170年，卒于1259年；据北京图书馆拓片所载祖无择《祖公墓志铭》，定祖士衡生于987年，卒于1025年；据江西省博物馆所藏吕惠卿《刘公墓志铭》，定刘瑾生于1023年，卒于1086年等，均可见出著者的认真负责和对宋代史料的熟稔。

丰厚的内容，严谨的考订，为全面细致地展示宋代文学的风貌提供了坚实的“史学”基础。但如果只是停留在这一“基础”之上，将难以构筑起任何学术大厦。因为无须二十世纪后现代理论的冲刷洗礼，高明的史家也都明白“人类只能无限逼近而无法穷尽”的道理，对历史原貌的追求具有“神话性”和“必要性”双重意味。“神话性”是指今人对于历史的认识只能是史家按一定原则构建起来的一种知识体系，过去的历史不可能完整重现；“必要性”是指“历史原貌”应作为一种学术追求的理想，以统合现有的学术资源，使其有序、稳定地竞争发展，不致淆乱当下正常的知识传递、思想交流和社会生活。因此，如何以创造性的"史才"取舍定位、组织结构那些浩如烟海又纷乱无比的史料，以相对深刻全面地表达自己对于历史的认知，往往关乎一部学术著作质量的高低和成就的大小。《宋代文学编年史》在这一环节，显示出它的匠心独运。

首先在史料的取舍定位上，著者以为：中国古代的各体史书都详于政治、军事，略于经济、文化，而文学更略。该书既为"文学编年史"，自然详于文学。而"文学"又须按中国传统的泛文学观念，举凡宋代的诗、文（文又包括辞赋、四六和散文）、词、诗话、词话、文话、小说、戏剧、笔记，只要具有一定思想性和艺术性的宋代作品，都属于编年范围。这就保证了该书能够不照搬西方文学和现代文学的概念，而是从中国古典文学的客观实际出发，将全面繁荣的宋代文学（包括文艺思想、辞赋、散文、四六文、诗、词、诗话、词话、小说、笔记等）相对完整地呈现出来。

其次在史料的组织结构上，著者创辟式地综合运用中国史书的写法来重写中国文学史。中国最早的史书为编年史，以时间为顺序，按年月日编写，易于展现历史脉络。《宋代文学编年史》名为"编年"，自然要采用这种方式作为全书的基本结构，但编年体"事以年隔，年以事析"（杨万里《袁机仲通鉴本末序》），特别是人物事迹，常被切割得鸡零狗碎，难以对人物生平、性格、成就有完整印象。著者便适当吸取纪传体史书写法的优长，对宋代文学家的编年，做相对集中的叙述。但在展现文学发展的复杂历史环境、跨时较长的历史事件以及牵涉人物较多的文学结社（流派）时，由于“一事之首尾，或散出于数十百年之间，不相缀属，读者病之”（朱熹《跋通鉴纪事本末》）。不管是以时为纲的编年体或以人为纲的纪传体，对此都显得力不从心。《宋代文学编年史》处理这些问题时，又机智地汲取纪事本末体的经验。如江西诗派是宋代十分重要的诗歌流派，统治两宋诗坛将近百年，涉及的诗人数以百计。为了避免叙述的零散化，《宋代文学编年史》在绍兴三年癸丑(1133)五月吕本中撰《江西诗社宗派图序》处，先作集中论述，引其序，复引夏倪对宗派图排序的意见，再引历代对《江西诗派》一书的著录，最后补叙前未及述的江西派诗人李錞、李彭、杨符，将这个宋代影响最大的诗人群体叙述得眉目宛然，这正是纪事本末体史书的写法。其他对西昆派、乌台诗案、车盖亭诗案的处理也大体采用了这种方式。编年体以时为经，纪传体以人为经，而纪事本末体以事为经，《宋代文学编年史》则综而运之。正如龚鹏程先生在该书序中所云：“本编则融通变化，以编年为主，而实兼纪传及纪事本末。这应是本编创用之体例。”

除了灵活运用中国史书的编年体、纪传体、纪事本末体的写法，《宋代文学编年史》还对史书的论赞体做了大胆吸收。中国史书往往以类似案语的形式表明作者的看法，刘知幾将之统称为“论赞”，其《史通》卷四《论赞》云：“《春秋》左氏传每有发论，假君子以称之，二传云公羊子、穀梁子，《史记》云太史公，既而班固曰赞，荀悦曰论，《东观》曰序，谢承曰诠，陈寿曰评，王隐曰议，何法盛曰述，扬雄曰撰，刘昞曰奏，袁宏、裴子野自显姓名，皇甫谧、葛洪列其所号，史官所撰通称史臣，其名万殊，其义一揆。”这些论赞，或杰思伟论，或切中肯綮，或“善恶必书，使骄君贼臣惧”（《新唐书·刘知幾传》），充分展示着各位史家的“史识”。《宋代文学编年史》亦仿“太史公曰”，写下了八十余条案语，对一些重大问题作综合性论述，基本代表了著者对宋代文学的历史认识，不仅新见迭出，可读性强，而且符合史实，对宋代文学的研究亦有较大的推进。

翻览《宋代文学编年史》，明显感到宋代诸帝对文学活动的参与和热心，著者遂在乾德四年丙寅（966）五月二十六日宋太祖“杯酒释兵权，宰相须用读书人，基本奠定了宋代重文轻武的政策”处以及同年闰八月“诏求亡书”条下分加案语，胪列大量事实证明宋代诸帝皆好读书，并注重搜求亡书，然后指出帝王好文对宋代文学繁荣的影响：

> “吴王好剑客，百姓多疮瘢；楚王好细腰，宫中多饿死”；“城中好高髻，四方高一尺；城中好广眉，四方且半额；城中好广袖，四方全匹帛。”(《后汉书》卷二四《马廖传》)此言上有所好，下必有甚焉，而宋主好文显然是宋朝文学繁荣的重要表层原因之一。在宋主好文的影响下，宋代多世代书香之家。庄绰《鸡肋编》卷上：

“岐国公王珪在元丰中为丞相，父准，祖赞，曾祖景图，皆登进士及第。其子仲修，元丰中登第。公有诗云：‘三朝遇主惟文翰，十榜传家有姓名。’”……宋代武将亦好文。魏泰《临汉隐居诗话》：“杨文公《谈苑》载：本朝武人多能诗，若曹翰句有：‘曾经国难穿金甲，不为家贫卖宝刀。’刘吉父诗云：‘一箭不中鹄，五湖归钓鱼。’大年称其豪。近世有张师正，本进士及第，换武为遥郡防御使，亦能诗，有《升平词》云：‘旧将封侯尽，降王赐好归。’又有：‘蜗角功名时不与，涧松材干老甘休。’‘分鹿是非皆委梦，落花贵贱不由人。’他句皆类此。”又载：“近世妇人多能诗，往往有臻古人者。王荆公家最众，张奎妻长安县君，荆公之妹也，佳句最为多，著者‘草草杯盘供笑语，昏昏灯火话平生’。吴安持妻蓬莱县君，荆公之女也，有句曰：‘西风不入小窗纱，秋意应怜我忆家。极目江山千万恨，依前和泪看黄花。’刘天保妻，平甫女也，句有：‘不缘燕子穿帘幕，春去春来那得知。’荆公妻吴国夫人亦能文，尝有小词《约诸亲游西池》句云：‘待得明年重把酒，携手，那知无雨又无风。’皆脱洒可喜也。”（第42—43页）

翻开任何一部古籍目录都不难发现，书至宋代突然增多。这是与宋代印刷术的发展，宋代士人喜著述，喜欢收藏整理古籍分不开的，而倡此风的正是宋代诸帝。《长编》卷六十载："景德二年五月戊辰朔，(真宗)幸国子监，阅书库，问祭酒邢昺书板几何。昺曰："国初不及四千，今十余万，经史正义皆具。臣少时业儒，观学徒能具经疏者百无一二，盖传写不给。今板大备，士庶家皆有之，斯乃儒者逢时之幸也。"从宋初建国到景德二年仅四十余年，书板增加了二十几倍，从"具经疏者百无一二"，变成"士庶家皆有之"，发展之速，实在惊人。（第 45 页）

统治者对世风文运的具体影响，在这些案语中简明形象地传达出来。再如历来认为中国古代缺少爱情诗，该书案语却征引二十余首宋代诗歌，认为宋人爱情诗数量可观，既有"珍重到霜毛"的夫妻基本感情倾诉，也有"蜀笺都有三千幅，总写离情寄孟光"的相思表达，而且"中国婚外情之多，未必亚于他国，即使理学兴起、封建礼教大大加强的宋代，涉及婚外情的诗篇也多如牛毛"（第 2116 页），立论新警，振聋发聩。其他对《辨奸论》、朋党、文禁、科举制、制科、律赋、字序、雕版印刷、佛道、君臣唱和、御制集、笔记、类书、唱和诗、白体、九僧诗、李商隐诗、李杜诗集、西昆体、洛阳文人群体、庆历诗风、古文革新、江湖诗案等的案语也都珠玉纷呈，令人目不暇接。

总之，《宋代文学编年史》以丰厚的史学、创辟的史才、高明的史识，立足于中国文学实际，重新构建符合民族特色的中国文学史体系，努力以新的视角立体呈现宋代三百二十年的文学发展，不但气魄宏大、视野开阔、成就可观，而且突破了现有诸种文学史的框架模式，丰富了文学史编写的种类，在方法论上也有着重要的启示意义。

（原载《文学评论》2011 年第 1 期）

《中国“诗史”传统》：构建中国的诗史传统

“诗史”是古典文学里的重要概念，它不是那种已经消逝在历史中的完全丧失生命力的概念，直到现在，大家还在不断地提到它、运用它，把它写在文章里，挂在嘴边。可是很少有人系统地反思：这个概念究竟从何而来？其起源、流衍究竟是什么样子？这样一种强调诗歌和历史之间紧密关系的概念在中国传统中到底意味着什么？它的现代理论意义又何在？张晖先生的新著《中国“诗史”传统》(三联书店 2012 年 11 月，列入“三联·哈佛燕京学术丛书”)，在占有大量文献材料和细密考据的基础上，对此问题做了前所未有的详细透彻的描述和说明。

据《中国“诗史”传统》一书描述，“诗史”最早出现在晚唐孟棨的《本事诗》中，孟棨将杜甫写于甘肃、四川的部分诗歌称之为“诗史”。这时距离杜甫去世已有 100 多年。从此这个说法深入人心，但其中的原因并不是孟棨的初衷，也绝非如今天读者所想的在杜诗中能很鲜明地感受到安史之乱的氛围和气息，而是五花八门什么都有，比如在杜诗中能够知道唐代的酒价、盐价、地理方位，如杜甫为人比较诚实等，不一而足。后来经过明代复古派理论家的反复辩论，终于形成较为一致的看法，即认可杜诗中既有诗歌美学又能记载重大历史事件的部分为“诗史”。从此以后，“诗史”观念不但成为中国人论诗谈艺的一个准绳，而且深刻影响到很多诗人的诗歌创作；更有甚者，“诗史”观念还化身为“诗史互证”这一学术研究方法，在近现代的文史研究领域中一度形成主导的学风。

在描述“诗史”观念从开端到逐渐形成的这一历史过程时，《中国“诗史”传统》一书提供了极为丰富的文献给予证明。尽管现代学术过去已对“诗史”问题有不少讨论，但就文献的挖掘来说，这是前所未有的收获。从唐宋明清的诗话、笔记、文集中勾勒如此多的有关“诗史”的讨论，甚至可以说，不用分析就可以知道“诗史”在中国传统中的影响之深了。值得注意的是，张晖在处理文献时明显花费了心思来避免大规模堆砌文献所带来的文献主义倾向，他的讨论，都是带有非常明确的问题倾向，从而将大量文献整合到一定的论述框架之中。若有无法整合的零星材料，则在具体章节的结尾加以说明。这种尊重文献，从文献的脉络出发来讨论理论问题的思路，是非常值得注意的。

张晖在处理文献时，有一条原则，即在引用所有有关“诗史”的材料时，都尽可能地给予系年。这使得全书的研究极富历史感。举例来说，宋代有关“诗史”的讨论是过去学界研究最多的，大家纷纷总结宋代的“诗史”说有哪些理论成就。张晖却依次将可见的宋代关于“诗史”的文献一一判定年代，然后分析每一条材料的意义。看上去这样的研究似乎是一个半成品，远远没有过去学者总结得那么有系统和理论，但却前所未有地清晰地告诉学界宋代到底有哪些关于“诗史”的说法，哪些说法昙花一现，哪些说法逐渐占据主导地位并对后世产生影响。在细密的考证和辨析后，张晖再对宋代众多的“诗史”说加以总结，指出宋人的论述在不断强调杜诗记载时事的功能和强调杜诗文学性之间徘徊，从而影响到后世的论述方向。这是令人信服的。

《中国“诗史”传统》除了丰富的文献、严谨的考据之外，更对理论问题，尤其是历代有关“诗史”的理论辨析中的微妙部分做出了精彩的解释。如果说文献的收集、辨析除了体现作者的文献功底外，还一定程度上得力于现代技术的辅助，那么，站在文献的基础上对理论问题作出阐释，更能见出作者的功力和识力。张晖对《本事诗》中李白故事与“诗史”说起源的考证便富有巧思，从来谈“诗史”起源者对此均一笔晃过，本书却根据诸多笔记小说考察对于李白故事的不同叙述，从而论证了孟棨大力表彰“诗史”的事实，并将“诗史”说与《春秋》义理和抒情论述第一次结合起来。张晖在分析明代复古诗论时，展示了更加精彩的理论辨析功夫。杨慎有一段著名的批评“诗史”的话，后来王世贞同样发表了一大段言论，认为杨慎过于强调“比”和“兴”，忽略了“赋”，所以会否定“诗史”。后来几百年的研究一直沿着王世贞的思路来批评杨慎，张晖突发奇想，从如何理解“赋比兴”入手，釜底抽薪地否定了王世贞的意见，指出王世贞之所以重视“赋”在复古诗论中有其背景。这样一来，可谓推翻了一个陈陈相因的看法。作者眼光的敏锐，在此可见一斑。

读完《中国“诗史”传统》，我还在思考这本书的意义。这本书除了告诉我们中国存在一个历史悠久的“诗史”传统，中国人重视诗歌记载历史之外，它更给我们当下的学术界提供了一些不一样的东西。近些年，古代文论中的概念研究似乎有些热门。我们可以看到很多有关“神韵”“趣味”“性灵”“格调”“肌理”等的讨论，研究者之间互相意见不同，有时候还打了很多笔墨官司，最后依然莫衷一是。读者看了很多研究成果，最后也仍是一头雾水。究其原因，主要是因为多数研究者看到的仅仅是一些常见的文献，又急于进行理论总结，试图将有限的几条材料提升到理论的高度，其结论自然令人不能信服。谙熟文献或者精通理论的人，对这样的研究也都不会满意。《中国“诗史”传统》努力做到从最广泛的收集文献开始，将文献断代、编年，努力将理论问题历史化之后，再重新提炼其中的当代意义。这似乎能够避免过去研究中的不少问题。

此外，我还想到一个所谓“过去的理论”的问题。“诗史”虽然在当下也有生命力，但毕竟在古代才发挥更大的影响，所以，可以说是一种“过去的理论”。古代的文学理论大概都是一种“过去的理论”。身为现代人的我们如何从过去寻找到资源，也就是学界常常在讲如何从传统中挖掘资源。我觉得，《中国“诗史”传统》正是向传统中寻找资源，建立现代学术系统和理论话语的诸多优秀工作中的一部分。

（原载《南方都市报》2013 年 9 月 2 日）

近代文献整理的重大成果

近年来，日记整理蔚然成风，黄山书社2013年9月出版的《徐兆玮日记》凡六百余万字，规模宏大，内容丰富，堪称近代文献整理的重大成果。该日记稿本原藏于常熟市图书馆，总计297册（整理后为6巨册），自光绪二十年二月十二日（1894年3月18日）始，终于民国二十九年六月十二日（1940年7月16日），时间长达四十余年。日记主人徐兆玮（1867—1940），字少逵，号倚虹、棣秋生，晚年号虹隐，江苏常熟何市镇人。光绪十四年（1888）中举，次年中进士。光绪十六年（1890）恩科补行殿试，选翰林院庶吉士，光绪十八年（1892）授编修。光绪三十三年（1907）赴日本学法律。民国成立后，曾为常熟县民政副长，任中华民国国会众议院议员。1923年，徐兆玮拒绝曹锟贿选，淡出政治，而专力于家乡建设与个人著述。

正因为他曾任晚清翰林编修和中华民国国会议员，晚清至民国的许多重要政治事件，他都耳闻目睹或亲身参与，阅读其日记，戊戌变法、沈鹏奇案、庚子事变、国会选举……宛如展开一幅幅生动形象的近代政治画卷。如 1913 年国会选举大总统时，徐氏有如下记载：

> 今日为选举大总统之期，晨八时起身，即入会场，于象坊桥遇公民联合会一队约百余人，亦向议场进行，皆军服，领队者执白旗二面，襟缀红花一，此其标识也。议场前军队林立，入场后九时开会，检点人数，抽签选出检票、开票、发票员十六人，参众各八人，方欲发票，忽见旁听席上有人，众大哗，主席令守卫逐去，云此院中执役也。写票在国务员席，东西各十二人为一排，由主席唱号，如参议院一号至十二号就东边，参议院十三号至二十四号就西边，秩序尚为整肃。十二时投票毕，众纷纷退席欲出场，乃主席令守卫拦阻不放，众以在场枵腹，群往寻议长，诘以如必留待第二次投票，通知何不详告，亦可预备点心。议长匿不见，既又闻场外所谓公民联合会已聚至数千人，为示威之举动，虽得出场仍为彼等所阻，徒受侮耳，众始死心塌地，不作回寓想矣。场中本有汤面、炒饭，今日以人众一时已售罄，后来者强索亦不可得，只可忍饥而已。今日所发开票参观券填下午三时，众既不得出场，要求提前开票，自一时半起至三时毕。第一次投票总数七百五十五，以四分三计算，须五百六十九

票当选，袁世凯得四百七十一票，不足法定票数，黎元洪得一百五十四票，伍廷芳三十五票，其余若段祺瑞、孙文、康有为、梁启超、唐绍仪、熊希龄、王人文、王赓、贡桑诺尔布、汪兆铭、岑春煊、孙武、龙济光、冯国璋、王正廷、朱瑞、张绍曾、蔡元培、章炳麟，自十余票至一票，均废票也。第二次投票在午后三时，投票总数七百四十五，袁世凯得票四百九十七，仍不足四分三，黎元洪得票一百六十一，按照选举法，以得票最多者袁黎决选，时已近六时矣。第二次投票自伍廷芳二十三票外，孙文、袁克定、康有为、汪兆铭、岑春煊、王人文、梁启超、王赓、汤化龙、王家襄、朱瑞、陆荣廷、张謇、袁乃宽，自十余票至一票不等。第三次决选，有人提议写票处东西各二十人一排，较前二次迅速多矣，投票总数七百零三人，袁世凯得五百零七票，当选为中华民国第一任正式大总统。当第三次唱票已毕，有电光照相器置中门，予坐靠门，见其位置，忽闻轰然一声，如爆药猝发，电光四射，前坐者咸蹲倒，疑枪弹之射击，楼上参观人均起立骚扰，有数人大呼系电光照相，请勿惊惶，良久秩序始复。议长得宣告得票当选，于是散会，会员纷纷作鸟兽散，然会场外之军队植立如故，所谓公民联合会者尚未散尽，予出时犹见之也。第二次开票时，宣布王韵秋一票，八大胡同姑娘也，闻犹不止此，皆以废票概之。（10月6日）

午后一时行副总统选举，至会场询之昨日监察员，方知三次投票均有笑话，妓女则花元春二票，金秀卿、王韵秋各一票；优伶则谭鑫培、梅兰芳各一票；女界则沈佩贞一票。至袁世凯之废票有书哀世凯者，有书袁廿凯者，有下书附条件二：一不许浪费金钱，一不许滥用匪人。又一票书袁奴王家襄。此皆未经报告者，其报告止袁世凯一票下书项城县人，以违式作废云。后闻孙子涵言，有一票止画一龟，亦可谓恶作剧矣。

昨日军警之示威，闻由雷震春倡率，而陆建章、江朝宗助成之。公民身旁俱带引火之物，并招混混千人，给小洋二角以助威，事果确实，真坏法乱纪之尤，呜呼！予欲无言。因阻止议员不准出场，又波及参观人，入场则不准复出，于是与议员同受饿矣。北京日报馆主笔金兰亭于五时出场买点心充饥，公民会人阻止之，彼此争辨，公民会人告知执法处，指金为暗杀党，即有军队数十人将金拿捕，如获巨盗，押解执法处，禁入监房，盘以大铁练，上以手镣脚锁最重之刑具。金高声吵嚷，执法处之承审员出查问，知系无辜，于是释放，公民会之蛮横如是。前日因干涉选举，奉大总统诘责，军政总执法处复大总统秘书厅公函谓，饬区访拿早经停散矣，然则昨日之公民会又何为乎来哉？

二时开会，出席议员七百十九人，三时三十五分投票毕，即开票，黎元洪得六百十票，过法定数四分三，当选为副总统，其余废票阎锡山最多，次则徐世昌、贡桑诺尔布、张绍曾、段祺瑞、于右任、伍廷芳、张謇、张继、张勋、蔡锷、蔡元培、朱瑞、孙文、赵秉钧、黎天才、冯国璋、汤化龙、袁克定、谷钟秀诸人，自一票至十余票不等，尚有开顽笑之票六张，一票大书“我的儿”三字，此辈真不知是何肺腑？（10月7日）

以亲历者述此，较诸多野史当更可信；而民国国会选举之乱象，借此可窥一斑；徐氏日记之价值，亦由此可领略一二。

徐氏长期致力于常熟地方事务建设，其日记还可作为区域社会史的典型史料来对待。徐氏在常熟先后创办乡校，协办常熟图书馆，担任常熟县水利局局长，参与修浚白茆塘等水利工程，后接替丁祖荫主持修纂《重修常昭合志》等；他尤其留心常熟典籍的整理与收集，编有《常熟艺文考》《海虞艺文目》《海虞诗话》等数十种乡邦文献；他本人又爱在日记中详录自己买书、读书目录，撮述治学经验心得，记载各种佚闻趣事，抄录友朋来往信札及官方报刊内容等，因此阅读徐氏日记，对常熟数十年的社会文化变迁颇有一目了然之感。整理者在《前言》中谓之“清末民国地域性百科全书”，并非虚美。

当然，《徐兆玮日记》的价值绝非仅此而言，尚待明眼人逐次抉发。如作为个人生活史来读，它当然是研究徐兆玮的第一手材料；而徐氏又是研究近代小说和掌故的大家，其《黄车掌录》是目前所知时间最早的古代小说资料汇编，《译本小说提要》是目前所知时间最早的晚清翻译小说目录，较阿英《晚清小说目·翻译之部》（1954）早出近半个世纪等，具有近代小说史研究的重要价值。关于此点，潘建国教授已有鸿文阐发（见《徐兆玮与〈黄车掌录〉》，《文学遗产》1999年第2期；《新旧说部两搜寻——徐兆玮之小说编研活动及其相关著述》，《明清小说研究》2013年第3期），此不赘述。

（原载《古籍新书报》2014年3月）

重构八世纪唐诗史

唐诗向来为研究之热点，同时亦为研究之难点。因为研究论著汗牛充栋，名著宏论触目皆是，几无后人容喙之地。吴光兴先生的《八世纪诗风：探索唐诗史上的“沈宋的世纪”（705—805）》（社科文献出版社2013年版，以下简称“吴著”），却在视角、方法和史料上都有不凡创获，整体性地推进了当下的唐诗研究。

一　视角

唐诗发展的解释模式有多种，但明代高棅的初、盛、中、晚“四唐”说无疑是最有影响力的一种。多年以来，尽管有不少论著对“四唐”说提出了挑战，如蒋寅先生的《大历诗风》就在盛唐与中唐之间拈出一个大历时期，并揭示了它独特的审美价值及作为由盛转中的转折点在唐诗史上的特殊意义；但大多数论著，仍只是在

“四唐”说的牢笼下做些拾遗补阙的工作。吴著却采用“沈宋的世纪”这一崭新说法，转换了研究视角，为唐诗的发展提供了一种具有突破性的解释模式。

具体而言，吴著认为公元705年至公元805年的唐诗史，其典范以及对整个唐诗发展起到枢纽作用的人物并非人们习惯认为的李白和杜甫，而是沈佺期和宋之问，沈宋代表的以律诗规范为主导的创作，成为此期广大诗人效法的对象，而李杜的成就尚未在此期得到高度推崇，这一文学史百年，是唐人心目中“沈宋的世纪”。开元、天宝、大历、贞元诗风薪火相传，作为后来“崛起的典型”，大历、贞元时代逐渐兴起的“尊崇李杜”的文学新思潮则扮演着“八世纪诗风”的“终结者”角色。“沈宋”“李杜”的典范交接，亦成为唐中期、后期文学演变的历史性枢纽。

此一叙述视角，重新梳理了唐人的文学史观，是对经典化“四唐说”的釜底抽薪。如经典化程度最严重的所谓“盛唐诗”，在吴著之中则被“溶解”进胸怀更为宽广的“开元、天宝诗风”之中，开天诗风具有的三个历史环节、先后相续的三大群体“盛唐先驱者”“开元鼎盛一代”“天宝诗人”三大群体，这是吴著新揭发的唐诗史面目。当时位居领袖位置者，偏于左翼复古方面，有“李邕—王昌龄—岑参”一脉。开天诗坛的左翼，与《文选》关系大，而王昌龄实具无冕之王的崇高地位。后人眼中所谓“盛唐”与“李杜”，主要提取自开天诗风的左翼方面，李白是当时诗坛独具一格的探索者，“长句”（歌行）成就与风格一时著名；而杜甫活跃在开天至大历前期，实质上是古今兼容并包的唐诗集大成者，生前多数时候在文坛上比较边缘。大历诗风也具有多元性，不能一味从“才子”诗人群体引领今体诗风方面立论。至于贞元诗坛、诗风的“层级关系”，吴著则运用与大历诗风（卢纶、李益）、与天宝诗风（江东诗人）、与元和诗风（“跨世纪一代”）联系的三个观察角度，论述其立体、复杂、新陈代谢的诗坛面貌。

与诗史的三大段落相关联，以“古文运动”为归宿的另一拨左翼的、稍微激进的文学复古思潮，也穿插并贯串在全书的论述当中（上编第一章第二节卢藏用部分、第二章第四节第三四小节、第三章第一节、第四节，下编第六章等）。并尊“李杜”的文学倡导，与这一思潮关系更为密切。抓住总体上的古今对垒、左右竞争，以及历史赋予今体律诗规范的主导地位，既有利于认识唐诗史“沈宋的世纪”的真相，也有利于把握南北朝隋唐以降文学史的基本局面。三百年唐诗史上“沈宋的世纪”的枢纽地位，“八世纪诗风”及其之前，建构“沈宋的世纪”；“八世纪诗风”及其之后，挑战、革新“沈宋的世纪”。呈现此起彼伏的态势。这些叙述框架，均对“四唐说”之下因袭千年的文学史常识具有挑战意义。

二　方法

吴著在导言中有一段话，对自己的研究方法做了言简意赅的总结："笔者研寻唐诗史的思路由此遂往作为唐代文学的典范，李白、杜甫二位齐名并尊为'李杜'，其崛起的具体时间点及其背景的方向延伸；同时，也更加重视并观察律诗之创制（沈宋齐名代表的文学事业）对于唐诗史（尤其是开元、大历诗史）的特殊意义。按这两条线索所作的探索，合成起来，从积极的方面看，终于将沉埋在文学史重重论述的瓦砾、废墟与泥层之下已达千年之久的一个'真实的文学时代'重新'挖掘'了出来，这可以称为'文学史考古'吧。"

从这段话里，我们不难看出吴著受到福柯"知识考古学"的影响，因为在福柯看来，我们今天被普遍接受的知识、思想和信仰，很可能是被后来历史掩饰过或建构过的，它的合理性与合法性其实大有疑问。因此必须对我们现有的知识做层层的追寻和挖掘，弄清其被建构的过程。为了达到这一目标，吴著完全以"同情地理解"的姿态进入唐代文学史的研究与论述，将历史上唐诗成就的创造者群体完全当作"文学史主人"，倾听他们的心声，从唐人代表性论述如独孤及《皇甫冉集序》、李观《与右司赵员外书》、李商隐《献侍郎巨鹿公启》等，抽绎唐人对唐代文学史的共识，得出了"沈宋的世纪"这一较有说服力的文学史论断。

当然，吴著对福柯的"知识考古学"并非全盘接受，因为"知识考古学"认为我们习惯接受的知识，不过是"权力"和"话语"相互纠缠而建构的一个知识"秩序"，不存在一个稳定的真实，这样就容易导致历史虚无主义和怀疑主义。吴著则志在"复原"

唐人的文学世界，对追寻唐代文学史真相充满了信心，他在知识考古学的基础上，又综合运用“分析文学史学”和传统经史考据学等方法。“分析文学史学”强化文学观念、历史传统的地位，将历史的发展置于有限的历史条件之下，是一种总体的、综合的历史观；而传统经史考据学则崇尚无征不信，用材料说话。吴著从疏证唐人的若干论述所呈现的文学史观出发，发现唐人论文，传统观念、文体（体类）意识很强，典范选择、风尚流行，大多可溯源于文学观念、文学传统。从而论定律诗诗风流行时代唐人的文学观念重视文学体类、客体意味浓厚、偏向文学的形式主义，形态上是一种保守的文学实在论而非本体论。这就建构了一种适用于唐诗史的“分析文学史学”的文学史理论。吴著将散见典籍的零星的唐人论述汇总起来，参验传世、佚存的“唐人选唐诗”与可稽的尽量多的唐人诗歌文本，以实事求是的态度最大限度展现唐代文学的评价语境、体会到唐人固有的文学观念。这种在实证基础上，深入到论述对象相关的各历史侧面去观照问题的方法无疑值得肯定和赞扬。

三　史料

无论是知识考古学，还是分析文学史学和传统经史考据学，都非常重视史料发掘的广泛性和研读史料的细致性。吴著对于史料的发掘广涉作家作品、文学体类、文学风格、文学典范、文学思潮、文学观念、文学思想、文学理论与批评等，在对作家作品的评价和释读中，还广泛采撷历代评论，尤其重视以唐人的评论为线索或依据，重视贴近唐人的评价角度、突出唐代流行的文体、文类的规范力量。而不是印象式批评的自由释读（或鉴赏）。吴著运用的史料还涉及政治、军事、道德、宗教、经济、社会、文化等相关学科，这从他书后的“征引书目”即可见一斑。

吴著对于史料的研读也很细心，他通过系统论述存世、已佚唐人诗选，大规模论述许多早已被“排除”在文学史重点论述之外的诗人，有效地将唐诗史的许多意义重要的细节重新钩发出来，已有的论述则得到重要修正。如《正声集》之于开元诗风之兴起（第二章第二节第五小节）、《河岳英灵集》与润州诗人群体、《箧中集》与复古思潮之关系、《南薰集》与贞元诗风的多样性（第四章第二节第四小节）等；再如武平一与今体诗风，卢藏用、苏源明与复古诗风，刘商与江东诗风，武元衡与贞元诗风等的关系等；又如复古思潮领袖、“古文运动”先驱萧颖士的生年，目前学界流行的还是开元五年（717）之说，吴著举新证明、有新考证，支持生年为景龙元年（707）之说（《八世纪诗风系年》天宝元年）。又如大历诗人耿沣南下括图书，湖州幕府接待耿沣的年份有异说，吴著举数证，证明在大历十一年（同前，大历十一年）。又如吴著辑得贺知章佚诗（42 页注释），设置“杜甫系年”，等等，具见才识学力。

人们常说“十年磨一剑”，吴光兴研究员却为他这部九十五万字的巨著付出了二十余年的时间和精力，我们有理由相信经过他的梳理，唐诗史多元、丰富、复杂的细节进一步得到呈现，而脉络、节奏也更显清晰。

（原载《博览群书》2014 年第 5 期）

技术的力量与边界

——从《盛唐中唐诗对宋词影响研究》说起

一　技术之翼

通常意义上，影响指一事物对另一事物产生的作用，并引起后者的反应；而比较文学范畴内的“影响”则限制在不同国别文学或不同民族文学之间。刘京臣的《盛唐中唐诗对宋词影响研究——以六大诗人为中心》（中国社会科学出版社 2014 年版，以下简称“刘著”）显然是在通常意义上使用“影响”一词的。

唐诗与宋词，作为唐宋两代各具代表性与典范性的文体，历来是研究的热点，但从整体上考察二者关系的论著却不多见。台湾王伟勇的《宋词与唐诗之对应研究》(台北文史哲出版社 2004 年版)是较早探讨唐诗与宋词关系的专著，分“宋词借鉴唐诗”“藉唐诗系年、校注宋词”上下两篇，从“字面之借鉴”“句意之借鉴”“诗篇之借鉴”等方面探讨宋词人借鉴唐诗之技巧，但尚显简易。其他多系个案研究，如袁行霈《长吉歌诗与词的内在特质》（《中国诗歌艺术研究》，北京大学出版社 2009 年版）、刘扬忠《稼轩词与老杜诗》（《文学遗产》1996 年第 2 期）、刘庆云《杜诗对宋词影响管窥》（《杜甫研究学刊》1998 年第 3 期）等。应该看到，欲要观照全部唐诗或部分唐诗对两万多首宋词的系统影响，单凭人力，往往会挂一漏万，无法全面。

刘著恰在这一点上有扎实的开拓。他分上下两编研究盛唐、中唐六大诗人对全部宋词的影响，上编以盛唐王维、李白、杜甫为中心，下编以韩愈、白居易、刘禹锡为中心，既考察六大诗人对全部宋词的影响，又探讨这种影响产生的原因及其规律，是笔者所见第一部从整体上考察唐诗对宋词影响的专著，选题意义不必多说。

刘著为什么能够做到这一点？这得益于作者能够娴熟掌握运用计算机新技术。写作之前，作者先开发了基于 Visual Studio.Net 的软件平台——“文本智能提取”，这个软件分析系统，可以任意比对两种文本，从而发现这两种文本之间的重出与相似性，然后再将相关文本纳入一个开放式的数据库中。这个数据库可以实现“重出部分查询”“作者或作品名称查询”以及“整体查询”三个功能。刘著将唐诗文本与宋词文本在这个数据库中做了穷尽式对比，筛选出大量的唐诗与宋词“重出”或“相似”的例证。然而这只是第一步。

接下来，刘著又用传统的文学分析方法，对数据库内的文本进行人工干预，判断两种文本之间是否具有影响与接受关系。最终将符合影响与接受关系的文本保留在数据库中。这一步尤为关键和辛苦，无法依赖计算机来完成。因为人类在许多方面有共同的情感体验与表现方式，人心与文心具有某种共通性，如钱锺书所概括："东海西海，心理攸同；南学北学，道术未裂。"（《谈艺录·序》）那么唐诗与宋词里的相似，是出于人类共享的语料和常识，还是诗人之间有迹可考的影响所致？就成为一个具有分水岭意义的大问题。举例来说，"骊山"为古地名，关于骊山的传说很多，宋词中出现的"骊山"其源不一，需要细致的人工判断，如欧阳修《浪淘沙》"只有红尘无驿使，满眼骊山"，应源自杜牧《过华清宫》"一骑红尘妃子笑，无人知是荔枝来"；罗志仁《金人捧露盘》"骊山废尽，更无宫女说玄宗"是化用元稹《行宫》"白头宫女在，闲坐说玄宗"；刘克庄《贺新郎》"曾遇骊山母"则与唐诗无涉，分明来自《神仙感遇传》李筌得骊山老母授《阴符经》的记载。这些都需要一一辨析词意才能做出准确判断。

做完了这一步，还需要将前代诗文影响了唐诗，同时又影响了宋词的这一类进行单独标注，以与单纯的"唐诗影响宋词"一类相区分。如宋词中多用"河阳花县"或相近词语，如果认为是受李贺《春昼》"平阳花坞，河阳花县"等唐诗的影响就失之简单了，因为唐诗里的类似表达其实可以找到更早的源头，六朝庾信就写过"河阳一县并是花，金谷从来满园树"（《春赋》）和

“若非金谷满园树，即是河阳一县花”（《枯树赋》），而宋词里的表达与白居易《白氏六帖》“潘岳为河阳令，满植桃李花，人号曰‘河阳一县花’”的记载更为近源。仅此一例，即可看出从事这项工作的难度。

虽然数据分析和人工判断难免会存在一些失误，但刘著以先进的信息技术挖掘手段来处理数量庞大的文献，使对研究对象作穷尽式对比分析成为一种可能，有力地推进了传统的学术研究；刘著为自己的实证研究插上了技术的翅膀，使传统文学与文献学科日益趋近理论学术前沿。我以为这正是刘著最为凸显的价值。

二　传统经验的细化和补充

在文献使用和原始数据采集上远超以往手工采样的偶然性和不完全性的刘著，得出了哪些重要的结论呢？可以简要概括如下：

盛唐三大诗人，以山水田园诗著名的王维，在宋代词人心目中多以“画师”形象出现；此外，他的“辋川诗”系列、“凝碧诗”、送别诗等影响宋词良多，《送元二使安西》尤为宋词人借鉴。李白以豪放诗风见长，但影响宋词的作品却多是写女性、闺情、饮酒、咏月、怀人之类的轻婉之作。杜诗则从语词字句、意象意境到题材风格，均沾溉宋词甚深，杜集中近半数的诗歌都被宋词师法过，是当之无愧的NO.1。而且从盛唐诗人对宋词的影响因子看，杜、李、王位列三甲，抓住了他们，俨然就抓住了整个盛唐。

中唐三大诗人，韩愈诗歌以奇崛险怪闻名，但此类诗与词的婉约质地扞格难融，反而是那些与韩愈贬谪生涯紧密结合，感情真挚、用语工稳的诗歌较多为宋词借鉴。白居易对宋词影响较大的作品，首推以《长恨歌》《琵琶引》等为代表的“感伤诗”。而他乐天知命的“闲适诗”也刺激了宋词对世俗享受的描绘。刘禹锡对宋词的影响，则与其贬谪生涯更为密切，最显著的是表现在他的两首赏桃花诗上。此外，他的感伤诗、咏史诗等也对宋词产生了一定的影响。“贬谪体验”与“感伤情结”是中唐诗歌给予宋词最为宝贵的精神财富。

从以上结论看，它们有的是对以往人们学术成果的进一步佐证和细化，有的却是以往经验中鲜有，借刘著才得以较为清晰地呈现。缪钺曾云“词之特质，在乎取资于精美之事物，而造成要眇之意境”（《论李义山诗》），因此论唐诗人对宋词的影响时，人们经验世界中往往是杜甫、白居易、李贺、温庭筠、李商隐、韩偓等，而盛唐的王维、李白，中唐的韩愈、刘禹锡则较少纳入人们视野，特别是清寂的王维、雄奇的韩愈更少为人关注，但他们恰恰都是影响因子排入前二十名的诗人。

不妨再举两个更具体的例子：白居易《长恨歌》对宋词之影响，已为前人经验所感知，刘著却将之细分为三个层面来分析：一是感慨“小我”的命运无常，二是深重的麦秀黍离之悲，三是《长恨歌》华赡的语言、形象的刻画。最后总结说：“晚唐五代诗及宋诗中对于《长恨歌》所揭示出来的政治层面上的内容给予了较多的关注。宋词之中（主要是南宋词）虽然也偶尔涉及这个层面，但是占主体的，还是对李杨悲剧的渲染，甚至还有相当的词作，仅是点化诗句以镶嵌词中，浑然已失白居易风旨——如写七夕、写梨花、写夫妻离散等世俗琐事，皆从诗中取法。宋词虽多化《长恨歌》，但词中的感伤情调却远远逊色于诗歌本身。”（刘著第346页）这无疑是对以往审美经验的细化和总结。

辛弃疾的名词《水调歌头·盟鸥》得后人赞誉无数，其结句“东岸绿阴少，杨柳更须栽”甚至被陈廷焯赞为：“信手拈来，便成绝唱，后人亦不能学步。”（《白雨斋词话》）但刘著通过数据分析却发现：“辛弃疾此首《水调歌头》作于罢官隐居带湖之后，整首词如陈廷焯所称‘情味不尽’，然结句‘东岸绿阴少，杨柳更须栽’却非‘信手拈来’，而是化用杜甫‘东林竹影薄，腊月更须栽’（《舍弟占归草堂检校聊示此诗》）句。杜甫善于炼字，竹稀遂曰影薄，故需及时栽补。辛弃疾嫌绿荫少而欲栽杨柳，分明是师法杜意，自杜句化出。是故‘信手’之说，谅难成立。”（刘著第137—138页）这无疑是对前人审美经验的推进和补充。

人的精力和学力有限，经验再丰富的人对一事物的认知也往往存在盲点。借助信息挖掘技术，不仅可以强化人们正确的经验认知，而且可以扫除人们的经验盲点，补充、丰富甚至更正既有的学术经验，达到学术推陈出新的目的。刘著在这方面，也体现出非凡的学术价值。

三 变迁的边界

刘著带给我们的冲击还没有结束，他使读者不能不认真思考在信息革命的时代，人机之间的边界问题。

我们知道，随着文献电子化和古籍数字化的飞速发展，各种数据库和电子文献产品不断问世，如《四库全书》电子版、《中国古籍基本库》、“知网”“万方”“维普”等，做学问的条件优越了，做学问的难度却提高了，因为计算机在很多方面可能比你做得更快更好。传统文献学领域受到的冲击尤为强烈，过去被视为工夫和学问的“引得”“重出作品考证”、比勘异文、解释典故出处等基本可以由电脑替代，甚至古籍自动标点都在开发研制中……计算机似乎不断在侵蚀学术人的意义空间。“只有人想不到的，没有计算机做不到的”，这几乎成为IT行业精英们的一种基本信念。在影响研究中，虽然目前仍需要大量的人工干预，但刘京臣先生告诉笔者，随着规则制订的完善精密，将来的人工干预将会大大减少，甚至最终消失。

当然，我对这点不能苟同，计算机是人类发明的，学术研究中总会有一些属于人类特有，不能也不会被计算机覆盖的东西。拿历代诗词的影响接受来说，计算机诚然能够做到只要文本中出现相同的文字，不论是倒装还是拆分，都可以将之检索出来，但最终仍离不开人工干预。即使不考虑人工干预，我认为有些影响仍难以检索出来。文本之间的影响说到底是要寻找一种相似性，就像比喻也是以本体和喻体的相似为前提，因此影响研究有时就像一场超级比喻秀的竞赛，本体与喻体相似性相距愈远（如那些由相似的一点推到本不相似的其他点的“曲喻”），愈需要人们智力的参与；如果本体与喻体较少出现甚至不出现相同的字眼，计算机该怎样展示自己的优势呢？

如苏轼“谁为天公洗眸子，应费明河千斛水。遂令冷看世间人，照我湛然心不起”（《中秋见月和子由》）与韩愈“念此日月者，为天之眼睛”（《月蚀诗效玉川子作》），皆以月比天眸，但苏轼沿此继续引申发挥，想像经过银河之水的洗濯，天眸更加明亮清冷，照耀世间，使人尘念不起。这是一种“接着讲”的方式，即被影响的文本在相似点上引申想像、继续生长。还有一种方式是“反着讲”，即被影响的文本接受的是逆向刺激和启发，如前人多以自然风景比喻人，宋人却反其意，往往以人比自然风景，苏轼的“欲把西湖比西子，淡妆浓抹总相宜”（《饮湖上初晴后雨》）和曹勋的“落月如老妇，苍苍无颜色”（《望太行》）都是著名的例子。宋人善做翻案文章，惠洪《冷斋诗话》亦举黄庭坚为例：“前辈作花诗，多用美女比其状。如曰：‘若教解语应倾国，任是无情也动人。’陈俗哉！山谷作《酴醿》诗曰：‘露湿何郎试汤饼，日烘荀令炷炉香。’乃用美丈夫比之，特若出类。”计算机如何解决这种师其意或反其意而不师其辞的文本？

类似例子还有很多，如苏轼“东皇不拘束，肯为使君留”（《临江仙》）偷师杜甫的“风帆倚翠盖，暮把东皇衣”（《幽人》），皆着眼于韶华易失，春色难驻，故有期盼长留之意，但仅有“东皇”二字相联重出；贺铸的《翦朝霞·牡丹》“半垂油幕护残寒”写以油幕护遮牡丹，袭用白居易“上张幄幕庇，旁织笆篱护”（《秦中吟十首·买花》），“幕”“护”两字分散重出；杨亿《少年游》“等闲风雨又纷纷，更忍向、笛中闻”，写风雨飘摇之中，不忍听《落梅》之曲，不忍见风雨中落梅纷纷，化用李白《与史郎中钦听黄鹤楼上吹笛》“黄鹤楼中吹玉笛，江城五月落梅花”诗意，但重出者仅一“笛”字；似此蛛丝马迹，若非深品细味，恐难检索辨识。而像贺铸《鹧鸪天·半死桐》“旧栖新垄两依依”借鉴西晋潘岳《悼亡诗三首》“望庐思其人，入室想所历”（其一）和“徘徊墟墓间，欲去不复忍”（其三）之类，其中并无一字相同，已如羚羊挂角，无迹可求。至于那些只是场景、氛围有所关联和启示的文本，计算机恐更难有用武之地。

况且，即使文本相似，也不能证明影响必有，还要考虑我们前面所说是否“出于人类共享的语料和常识”。如清人贺裳《载酒园诗话》卷一载：“戎昱《寄湖南张郎中》曰：‘寒江近户漫流声，竹影当窗乱月明。归梦不知湖水阔，夜来还到洛阳城。’与武元衡‘春风一夜吹乡梦，又逐春风到洛城’，顾况‘故园此去千余里，春梦犹能夜夜归’同意……然皆本于岑参‘枕上片时春梦中，行尽江南数千里’。”做梦可以超越现实的空间距离，这是人类共有的经验常识，诉诸诗词，若无更深一步的联系与事实考辨，未可妄说谁影响谁。贺裳云戎昱（744？—800？）、武元衡（758—

815）、顾况（727？—816？）之诗皆本岑参（717—770）似可商榷，岑参虽较三人年长，但岑参殁后三十年《岑嘉州诗集》八卷始编纂完成，其生前身后，此诗是否曾播于戎、武、顾之口，实难确证。倒是晏幾道“梦入江南烟水路。行尽江南，不与离人遇”（《蝶恋花》）、周邦彦“寒夜梦初醒，行尽江南万里程”（《南乡子》）以及范成大“片时春梦，江南天阔”（《秦楼月》），可以明显看出与岑参诗意的联系来。由此可以看出影响研究的复杂性，绝非计算机所能完全取代。

如此立说，并不意味着人类可以对计算机保持一种傲慢，相反，人类应该充分尊重计算机发展的潜力，更应该看到，计算机会不断将人机边界往人类一方推进。不过同时应相信，人类自身的领域也会不断升级和扩展，人机之间，虽然边界不断变迁，但边界将永远存在。

（原载《中华读书报》2014 年 7 月 23 日）

学问更当穷广大，友朋谁与共磨砻

——简评王水照主编《复旦宋代文学研究书系》

据统计，2007—2011年的5年中，我国累计生产图书135.8万种、338亿册，图书出版品种和总印数居世界第一位。2012、2013年更是年均突破40万种（而至清末为止，中国古籍留存至今者不过20万种），其中，学术图书的种类年均约有4万种，而且全国578家出版机构，十分之九以上都出版有学术著作。但由于出版企业的市场化风潮，许多出版机构唯利是图，给钱就出，并未负起学术著作最后看门人的责任，甚至连基本的学术门槛和学术操守都没有。造成“大陆地区学术出版的数量和质量严重不成比例：数量巨大，但质量偏低或者说很低；人文社会科学图书大量存在泛化、低水平重复甚至抄袭和剽窃现象”[①]。如何有效遏止这种泥沙俱下、劣币驱逐良币的不正常现象，我觉得复旦大

① 谢寿光《中国学术出版的现状、问题与机遇》，见http://www.bkpcn.com/Web/ArticleShow.aspx?artid=111703&cateid=A21。

学出版社的做法值得赞扬，即尊重学术界声望卓著的专家的意见，由他们评审、推荐或策划学术著作的出版，从而推进学术出版生态的健康发展。这次《复旦宋代文学研究书系》（复旦大学2013年3月出版）著作六种，皆由王水照先生主编，共同凝聚成一个学术品牌。

有意思的是，六种著作的作者均是水照先生的门下。朱刚不论是思想或是文风都自成一家，如今已是名教授。李贵十年磨一剑，正是“干将发硎，有作其芒”之时；成玮和侯体健作为乳虎啸谷的80后学者，让人时生长江叠浪之感；陈湘琳与金甫暻是王先生的异域高足，都学有所成。所谓举贤不避亲，知徒莫如师，细阅六位学者的著述，我们不得不佩服王先生“观书老眼明如镜”；而作者之间的密切关系，也更容易发挥一种彼此呼应的整体性力量。总体而言，我觉得这套丛书在以下三个方面值得注意：

第一个值得注意的方面是，选题都能指向文学史上的重大或重要问题。朱刚《唐宋“古文运动”与士大夫文学》（以下简称“朱著”）探讨的是中国文章学史上具有重大影响力和里程碑意义的古文运动；李贵《中唐至北宋的典范选择与诗歌因革》（以下简称“李著”）探讨的是中唐到北宋的诗学转型，并欲抉发宋调的形成过程及特质；成玮《制度、思想与文学的互动——北宋前期诗坛研究》（以下简称“成著”）考察北宋前期诗坛的复杂面貌，试图重构北宋前期诗史，三人都是综合性的探讨，着眼甚大。相比而言，另外三种著述选题则个案一些，但陈湘琳《欧阳修的文学与情感世界》（以下简称“陈著”）选取的欧阳修，金甫暻《苏轼“和陶诗”考论——兼及韩国“和陶诗”》（以下简称“金著”）选取的苏轼，侯体健《刘克庄的文学世界——晚宋文学生态的一种考察》（以下简称“侯著”）选取的刘克庄，都是两宋最具影响力的文学大家，其重要性自不待言。

这些选题，似与当前学风不侔。目下学者选题有趋于生新琐碎之势，对时空的区划、文体的分类、作家作品的关注愈来愈细微。如历时性的探讨甚至细到某位帝王的某一年，地域的探讨甚至细到某县某族的某座园林，文体的探讨甚至细到某类文体分支的分支（如序—书序—诗集序—五言诗集序），作家作品的探讨甚至细到不入流的人物与创作。诚然，走向深细化是学术研究发展的必然，面对比过去宏观研究缩小了几个层级的细部研究，本无足为怪。但如果不能以小见大，寻找出论题“有意义”的“独特性”，所谓的深细化就会沦为碎片化，从而丧失学术深细化应有的价值。不过选题琐碎虽有一叶障目，不见泰山之虞，但至少可有知识上的积累；宏大或重大的选题，因为前人的研究成果往往丰厚，如果没有新鲜的视角，不能对所论问题有更深入的开掘，只会落得矮人观场、人云亦云，连知识上的积累价值也没有。因此，宏大或重大的选题，对研究者的视野和学力都是一种严格的考验，六位作者迎难而上，其勇气令人敬佩，而从其实践效果看，又足令人欣慰。

第二个值得注意的方面是，这套丛书视野上都较开阔，不局限于传统文学史审美模式的视角，因此能够发现单一视角不能观察到的领域，看到许多过去被遮蔽的东西。朱著从士大夫阶层的性质发生转变的角度，梳理古文运动兴起和开展的进程，融政治史、思想史、文学史为一炉，建构了较为系统的理论系统，对以往纯文学视角下的若干几成定论的重大问题重新审视，创获实多。如他认为传统文学史以柳开—穆修—石介—欧阳修为线索来描述北宋古文运动各阶段的做法忽略了士大夫政治和思想的层面，“在科举士大夫以其思想、文学和积极从政行为全面构筑士大夫文化的历史进程中……古文运动所包蕴的理想，通过王安石的事业才全面地向现实转化。……王安石式的‘成功’使以表达新见为生机的‘古文运动’走向了终结……王氏‘新学’被定为‘国是’，王氏‘经文’被确立为统一的科举文体，在这样一个前所未有的环境下，古文创作不得不展现出特殊面貌的阶段。唐宋古文八大家中最晚去世的苏辙，在徽宗朝的‘国是’环境下还生活了十余年，他的晚年创作，就颇能代表‘古文运动’的这个终结阶段”（P334—335）。在这样的古文运动序列中，不仅重新发现了王安石和苏辙，而且杨亿、晏殊、欧阳修、太学体、贤良进卷等作家或文体，也都获得了崭新的意义。

李著从比较文学的视野，研究诗人对诗学典范的选择过程，作者指出：“宋人成立的典范意识或曰诗学上的古典主义原则指导着他们的诗歌创作，共同选择的作诗典范则维系着中唐—北宋的诗歌血脉。”（P44）沿此思路，作者分析了中唐—北宋诗人对陶渊明、杜甫、韩愈和白居易等诗学典范的选择、学习、创新过程，使宋调形成的过程得到更为清晰的呈现。作者还运用了社会祭祀、手抄本文化等西方理论，对一些习见问题做了较为新颖的解读。

成著不满学界用三体（白体、晚唐体、西昆体）描述宋初诗歌面貌的框架，转而从制度、思想与文学的互动关系入手，认为宋初四朝的科举制度及文风导向使诗风由缛丽转向雅正；北宋前期士人思想观念中诗的文体地位由高至低，使诗歌在真宗朝一度回落，但由于诗人对其艺术难度的重视而重新回升，在诗作风格的多元并进格局中，详尽切实的诗风逐渐脱颖而出，并在仁宗朝成为主流。这样就取代了原有的体派递进框架，实现了某种程度上重构宋初四朝诗史的意图。

侯著虽是个案研究，但视野并不局限于刘克庄本身，而是试图以个案研究带动综合研究，在个案之中透视文坛生态，书中的刘克庄，是时代潮流与历史图景的刘克庄，但又不流于面面俱到的评传，而是“把焦距对准在‘社会文化如何影响文学生成，文学写作如何呈现文化因素’的互动关系上”（P18）。既考察政治局势、经济环境、地域空间、学术思想、家族环境、士人交游等多层面文化因素所构成的动态的文学生态，阐释刘克庄的文学为什么会是“这样的”；又对刘克庄作品的文本结构与文人心理予以细致解剖，阐释“这样的”作品包含了哪些文学传统与个人心理，把握其作为语言艺术和精神寄托的双重意义。侯著这种“历史图景与作家个体的互阐互释”的模式对于如何做好个案研究具有示范意义。

其他如陈著将生活史、心灵史与文学史相结合，金著将版本学与东亚学相结合，也都体现了灵活和开阔的学术视野。

第三个值得注意的方面是，这套丛书的作者都强调回到具体的历史语境去分析问题，在深细度上较以往研究有所推进和发现。朱著认为纯粹以文学史的思路无法解决古文运动的诸多问题，古文运动的主体是士大夫，古文运动的内容也因而有政治史、思想史和文学史三个层面，以士大夫展开可以更加贴近研究对象，他的第一章完全颠覆了人们对古文运动的认识，以朱式语言逗漏着深刻的思想力和洞察力。李著的文本细读可视为对回归历史语境的某种落实，自有不少发现，如对徐铉的肯定，对言尽意论在北宋诗歌中意义的呈现，对杜甫苦热诗的发掘等。成著力图寻找比过去理论框架更切实一层的阐说体系，最后采用不依赖于任何具体论点而定，对宋初三朝士人处境、士人心态、诗学观念、文人地域分布、诗体发展做尽量切实的考察，又以欧阳修为中心，展示仁宗诗坛对前三朝诗歌的承递性。虽有缠绕之嫌，但对三体论弊端的揭示、对太宗朝诗坛多元面貌的分疏，对仁宗朝诗歌意义的总结、对梅尧臣学陶独特性的剖析等，确能时见深度和卓识。侯著也鲜明提出研究者要“照顾到历史场景的还原，暂时悬置当下的一些既定观念，借助文学作品中的生命脉动，跟随研究对象一起经历文学自身的发展历史与文学产生所处的历史现场”，使结论“更真实，更厚实，也更可信”（P17）。他对刘克庄地方精英身份与其文学总体风貌之间的关系的检讨，对刘克庄身份转换带来的创作变化的说明等，就颇有说服力。陈著则认为“对欧阳修作为政治家、经学家、史学家、古文大家、宋诗风格倡导者等等的挖掘展现中，他这一方面的形象被有意识地拔高、经典化，而他作为一个普通‘人’的情感欲望，作为一个士大夫个体对存在情境的关注，或者作为一个感性哲者面对人生困境的惶迫、忧伤与思考——这方面的形象则似乎被有意无意的轻忽、掩盖，甚至埋没”（P5），因此陈著着力揭示欧阳修文学与生命体验的融合，彰显其情感个体存在的意义，还原欧阳修“全人”的本来面目。从他对欧阳修交游体验、地域记忆、病衰孤独、死哀生忧、六一风度、终极焦虑等的细腻描述中，我们也确实感受到了另外一个欧阳修的真实存在。金著对苏轼“和陶诗”的概况、背景、内容、成就、影响、意义做了平实详尽的梳理，特别重视在原始文献上下功夫，在细部上有不少发现。如指出现存苏轼“和陶诗”总数为一百零九首（P33），纠正了前人的歧说；认为“苏轼的和陶诗创作，不仅是苏轼个人的创举，而且是那些从古代积累下来的文学、文化力量所产生的结晶”（P104），比单向推崇苏轼和陶诗的创造性更为妥帖。尤其是对韩国和陶诗的探讨及附录的近千首“韩国和陶诗”，对于认识东亚汉文圈的文化交流和文人的共同向往，有着非同寻常的意义。

不过我们应该看到，从学术史发展的实际看，任何一种学术路径都有相对性，都不可能穷尽所有的问题，而且沿着这条路径走的人越多，虽然越不容易迷路，但也越难发现新的风景。这个时候，强调回到具体的历史语境其实带有一种策略的意味，因为谁也不可能真正回到具体的历史语境，但却可以通过其他路径看到问题的另外层面，强调回到具体的历史语境，便给了选择其他路径以合法性和自信心，使学者可以理直气壮地抛弃惯用乃至生机渐衰的模式，充满希望和鼓足勇气地向前探索，学术研究也因此不断发展。

当然，如上所言，每种学术路径选择都有其相对性，这六部著作不可能尽善尽美。即以较为成熟的朱著为例，以士大夫文学为视角的考察，验之复杂的历史情节，其普适性恐怕会受到一定限制。李著善于吸收新理论，但偶有突兀未圆融之嫌，如第四章第一节运用西方手抄本理论，认为庆历前后的杜集没有真本，异文众多，读者心目中的杜甫形象呈多元化；沿此思路，第二节“杜甫苦热诗的新天地”乃至其他章节岂不也将失去文本的可靠支撑，其实中国丰富的校勘学理论与成果还是能够保证文本的基本稳定性的。思想灵动的成著以“详尽切实”为北宋前期诗歌发展主线，也使人担心是否会在尽力规避历史目的论的同时，成为他人眼中的“历史目的论”呢？

有意思的是，成著自己曾说写作的目标“本书未必达到，但在写作期间，它至少是作为一个理想，而始终存在于我们想望之中的”（P11）。同样的说法也存在于侯著与陈著中，侯著表达对于前人研究的不满后说，“这里吹毛求疵，亦只是企求一种理想状态罢了”（P17），而对于自己的研究则说是“或许仍是高悬的理想”（P19）；陈著认为自己的研究目标“未必能够达到。但作为一个理想，这样的期待将始终高悬于笔者的笔端与想望之中”（P15）。

既然大家已有自我批评，那么我的文章就此打住，不再饶舌。

（原载《宋代文学评论》第1辑，中国社会科学出版社2015年）

“向前进”与“向后看”

——由杨义先生《论语还原》想到的

中国社会科学院学部委员、澳门大学讲座教授杨义先生的《论语还原》近日由中华书局出版。自从1981年杨义先生从中国社会科学院研究生院毕业后留文学研究所工作以来，三十余年的治学生涯中，其著述已近七十种，论文超过500篇；而且在中国古典文学、中国现代文学等多个领域均有重要和开创性的成果问世。

对他的勤奋，人们无不叹服。文学所所长陆建德说他对学术有一种“彻底忘我的热情”；他的《中国现代小说史》被夏志清誉为“新一代治小说史、文学史的第一人”。《二十世纪中国文学图志》创造了“以图出史、图文互动”的文学史写作模式，被萧乾称为“文学史上的一部旷世奇书”。

这里，我不想对杨义先生的勤奋和论著的学术含量重复赞美，因为这已是人所共睹和几乎成为定评的事情。我只想结合《论语还原》，就杨义先生的治学特点谈一些自己粗浅的感受。

一 "向前进"与"还原"研究

统观杨义先生的治学经历，有一条很明显的向前追溯的线索，他先治中国现代文学，以《中国现代小说史》得享大名；然后沿小说之径，挥师古代，先后收获有《中国古典小说史论》《中国叙事学》；又横贯旁通，入于诗学，有《楚辞诗学》《李杜诗学》问世；进入新世纪，复主攻先秦诸子，直至最近之《论语还原》，中间虽有回环穿插，但大致螺旋上升，一路高歌向前。这既可说源自其与生俱来的勇猛精进、健行不息的学术钻研精神，又可说彰显了其内贯的学术思路——"还原"。

杨义先生治学，向来重视还原其本来面目，从本根上解决问题，不论材料，还是思想，皆是如此。因此，其《中国现代小说史》阅读原版书刊竟达2000多种，开个人独立写作多卷文学史的风气。而他之所以重视先秦诸子还原，也是从思想脉络上看，诸子奠定了中国古代思想与文化的基础，解码诸子思想中的文化基因，就可以破译中华文明源头的文化密码。他的《论语还原》统合和超越汉学、宋学，统合和超越今文、古文，统合和超越汉学中的刘向、刘歆、班固、郑玄，以及宋学中的二程、朱熹，以返本还原的思路，穿透密密层层的材料的缝隙，展开根中之根的探寻，致力于返回《论语》和孔子文化地图的历史现场、内在脉络及生命信息之细节。使人们对这部经典的前世今生知根知底、系统把握。

难得的是，他还把这种行之有效的研究实践予以理论总结，初步建构出“还原”研究体系的原则和方法：其原则即是以史解经、以礼解经和以生命解经；其方法即是碎片缀合法、文化地层叠压法和文本生命分析法。这种原则和方法具有较强的理论性和操作性，使杨义先生在诸子还原研究中能够大展身手。他的“先秦诸子还原四书”（《老子还原》《庄子还原》《墨子还原》《韩非子还原》）于2011年3月由中华书局出版，总字数92万字。《论语还原》（中华书局2015年）更为厚重，达百余万字。如果再加上2013年由安徽大学出版社出版的《鲁迅文化血脉还原》，杨义先生已初步构筑起文学还原生命的研究体系。

“还原”不仅在时间链条上是一种“向前”，在逻辑链条上同样是一种“向前”，杨义先生“向前进”的学术精神和研究实践，正逐渐衍生成一个学派，对21世纪的学术研究发生着重要的影响。

二　“向后看”与现代性

杨义先生的“向前看”不是一味信古崇古，相反，他所有的研究背后都勾连着一种“向后看”的现代性。这与杨义先生的“还原”研究思路其实一脉相承。因为他的还原不仅是一种文献还原，而且更重要的是一种生命还原。他把经籍文献如实地视为古人的生命痕迹，缀合多种材料碎片和历史线索，以逼近古人喜怒哀乐的精神世界。而人类生命的同质与同构性，使古今能够有机地勾连起来，同根相通，同脉相承。看杨义先生研究古人的书，并不枯燥，常能发出原来如此、我亦如此的会心感叹。

记得他研究《庄子》时，从确定庄子的身份及其家族渊源入手，运用先秦姓氏制度，考察出庄氏之姓出自楚庄王的谥号。庄子已经是楚国疏远的公族了，之后家族避难奔宋，沦落为平民。两地身份和遭遇的差异对于庄子文学表达上的影响是直接而清晰的。“写楚国，他灵感勃发，神思驰骋，心理空间似乎比宇宙空间还要无际无涯；写宋国社会则似乎回到地面，描绘着各色人物的平庸、委琐、狭隘，甚至卑劣。”看至此处，不禁有恍然大悟之感。杨义先生还分析了庄子幼年流亡异国、身在林野的孤独感，以儿童之眼观照天地万物，自然会生出许多奇妙幻想和变形记，于是蜗角之微可立蛮触二国，大鹏之翼可绝云气负青天……庄子所散发出来的“独与天地精神往来”的那种孤独感和惊人想像力，与他的童年经验深刻相关。听杨义先生娓娓而谈，仿佛是在说我们自己的童年。

《论语还原》同样如此，不仅将心比心，综合运用史源学、历史编年学、人文地理学、古代天文历法学、文献学、考据学、简帛学，以及将文本当作古人生命痕迹的文本生命分析法；而且在情理之中赋予生命的本真和严肃的科学态度。如系“孺悲欲见孔子，孔子辞以疾”于鲁哀公十三年，认为哀公不再亲自问政，而是派遣孺悲问士丧礼，这是孔子政治地位下降的表现，因此，孔子不见孺悲而以取瑟而歌的方式传达对哀公的不满，论述就既合学理又合乎人情。这种以学者生命体认诸子生命，触摸诸子体温，解析他们文化DNA的方法与视角，使其研究别开生面，带来了一系列有冲击力的发现。

杨义先生不仅关注个人化的现代性，而且从更宏大的层面上关注着国家和民族文化的现代性。他在一次接受媒体访谈时曾深情地说："我本人有一个梦想，就是希望给中国文学、文化发一张现代的身份证。我的学问做得很苦，苦中求乐，我深深地爱着这块东方土地上的辉煌的文化，希望它能在当代世界文化中焕发自己的神韵和活力。"这种强烈的为国秉笔的意识，使他自觉立足于中国文化经验和智慧，建设具有现代中国特色的学理体系，以贯通中国文学或文化的内在血脉的方法，揭示出中华民族共同体精神谱系的发生、发展及变异过程，呈现出中华文化的博大精深的包容力和智慧丰满的生命气象。

杨义先生爱抽烟，这大约是他仅次于学术的另一癖好。当别人从健康角度劝他少抽一些时，他怡然自得地回答："君不见鲜肉与薰肉乎？薰肉要比鲜肉保存更久啊！"烟民之肺比非烟民之肺更健康长久，我当然不能相信。但我可以相信的是，杨义先生的学术，一定能够长久流传。

（原载《中华读书报》2015年12月22日，发表时有删节，今恢复原貌）

从故纸到故事

日记与书信均被视为研究人物的第一手资料。然两相比较，日记原则上是写给自己的，备查备忘，记事多简，且随作者性情及对事物观察认知不同，记事又具选择性，甚至后人看来重要之事作者亦未必载入日记；而书信有明确倾诉对象和目的性，为使他人明白，叙事言情有时反能穷其原委，尽其曲折。柳向春博士所著《笺边漫语：近现代学人手札研究》（故宫出版社 2016 年版）即通过若干学人书信，将近代诸多学界秘辛从历史故纸中钩沉出来。

观晚清大儒莫友芝日记，同治十年八月十七日所载耐人寻味："登舟之扬局，泊汉西门外。先是，与局中约处暑前后当至局，以何子贞议改刻经疏章程，有信致涤相，谓子偲且可不来，余遂迟迟其行。局中屡信相催，且闻子贞已行，又不能不一往也。"文中的"扬局"指扬州淮南书局，"何子贞"指何绍基（字子贞），"涤相"指曾国藩（字涤生）。时莫氏任扬州淮南书局总校，奉两江总督曾国藩之命刊刻《十三经注疏》，但对如何刻写有不同意见，曾国藩认为刻经疏当依式重写，乃能方大；莫友芝与洪汝奎则以为精印覆刊为善，莫友芝于四月下旬初拟刻经章程，其后往南京探视生病的妻子。曾国藩的想法得到了何绍基的支持，同治十年五月何绍基来扬州，曾国藩遂委托其修改十三经校刻章程。莫友芝听说何绍基有信致曾国藩，不欲自己参与此事，遂逗留南京观望，在何绍基离开后和书局的屡次催促下，莫氏始于八月返回扬州。日记中说的便是此事，所呈现出的何、莫关系似有芥蒂，但查阅两人诗文与日记、书信，未发现两人有交恶之迹，相反，同治四年（1865）闰五月莫友芝为丁日昌题何绍基所书《絜园记》时，还赞美何绍基“以颜筋楷则，擅当世法矣”。两人都是著名学者、诗人和书法家，本可以惺惺相惜，但莫氏所记为何竟有负气斗气之嫌？此一疑窦，直至翻阅柳著所引吴云致戴丙荣一函，始涣然冰释：

……子偲论书，极以蝯老为野狐禅。平心言之，蝯老学博而见广，在今日应推独步。惟年望俱高，不免有英雄欺人之处，此訾议所由起也。蝯老尝谓子偲曰，自书契以来，从未有尊书这一派。当面调侃，未免恶作剧，令人难受。子偲亦今之学者也，原不必以书律重。书虽小道，然非有数十年苦功加以读书养气，又多见古人名迹，未足与语也。韩子曰，用功深者收名也远。六书亦一端也……

信中子偲指莫友芝（字子偲），蝯老则指何绍基（晚号蝯叟），据柳著考证，吴云此信作于同治五年八月三十日，记载了两人相互攻击对方书法的贬词，可知至少同治五年两人已有嫌隙。何绍基性情狂狷，且年资、科第、名望俱高于莫友芝，吴云信中评价其“不免有英雄欺人之处，此訾议所由起”，足见何绍基应负主要责任。这封信，透露出何、莫两人对于对方的真实观感，弥足珍贵。

台湾“中央研究院”历史语言研究所藏书有所谓“镇馆三宝”，即北宋刊《史记集解》、南宋刊蜀本《南华真经》和南宋刊《文苑英华》。三书均来自著名藏书家傅增湘的藏园旧存，《文苑英华》一册，系史语所1946年岁末委托故宫古物馆馆长徐森玉代购，书款计国币三百万元。而《史记》《庄子》两种，也由时任史语所所长的傅斯年拍板，于1947年以一亿三千万元巨赀购入。这次购书详情如何，亦多赖时人书信始予揭明。

据后来傅斯年致胡适函，此事缘起，是傅斯年对徐森玉言欲购傅增湘（字沅叔）所藏《庄子》，而徐云其北宋本《史记》最好，于是傅斯年转而并求《庄子》《史记》两书。原打算由孙子书出面洽谈，但孙与傅增湘家属关系不睦，所以史语所驻北平办事处主任汤用彤（字锡予）改托时任北京大学校长的胡适代为说项。1947年4月22日，胡适就此事致函傅斯年：

孟真兄：今天沅叔先生叫他的大少爷（香）【晋】生兄来看我，说北宋本《史记》与宋本《庄子》都可让给中央研究院。价钱太大，本不敢全收，但因为近来家境实很窘，又因为沅叔先生想设立几处奖学金，特别在四川，所以他们决定接受你的好意，接收一亿三千万元的提议。他们只有一个附加条件，就是盼望你尽先把这部《庄子》影印出来。……此事怎么弄到我身上来了呢？锡予来看我，把你给沅叔的原信给我看了，说孙子书与沅叔家中人曾有点不愉快的关系，特别是沅叔的姨太太对子书曾有恶感，所以锡予、让之主张此事由我出马去说。

事情进展虽然顺利，然因动用款项巨大，傅斯年的同事对《史记》是否北宋版也表示疑问，更有传言云傅增湘此书系窃自内阁大库，傅斯年为此承受沉重压力，于是向徐森玉发函询问有关事项，徐于四月三十日复信云：

孟真先生左右：昨晚奉赐电，今晨那简叔兄来，读惠书，敬悉沅叔所藏宋本《史记》《庄子》已鬻于贵所，大致定局，甚盛甚盛！《史记》三十年前宝曾见过，今已模糊。先生所发诸疑均中肯綮，亟应一一解答，惜宝老而健忘，案头又无书参考，涓撮终无补于海岳，殊觉惶惭无措耳。然有二事可以奉告，一、此书沅翁于民国四五年间得之文奎堂，决非攘之大库。二、此书《老子列传》置于《伯夷》上（唐尊老子为玄元皇帝，开元二十三年，敕升于《史记》列传之首），尚未改唐卷子本之旧，可证此书雕版甚早。记忆所及，仅此而已。又刻书刀工可判断书版之早晚。张政烺、赵斐云两君均在北平，似宜请两君专访沅翁，将此书翻阅一过，诸问题大致可解决。

傅斯年听从徐氏建议，于5月3日分别致函胡适和傅增湘长子傅忠谟，委托张政烺目验《史记》。5月11日，胡适结合张政烺（字苑峰）和赵万里（字斐云）的意见，致函傅斯年：

晚上苑峰与赵斐云都在我这里谈论此书，苑峰初疑此书是宋南监版，印在元初或宋末，斐云嫌他过刻。斐云意思与我略同，认此书原刻是北宋版，修补在南宋初期，印亦在南宋初期。斐云说："今日所见《史记》，当以此本为最古。"我赞成此说，苑峰似亦同意。我说，我们应该让孟真知道三点：一、全书原刻之百十余卷绝无版心上记字数之迹；二、此本原刻与景祐《汉书》同时；三、此本为今存《史记》之最古本。此三点他们都同意。我个人主张，你此次豪举并不错误。

两书购入后，傅斯年又亲自察验，于6月复函胡适，认为"原刊在北宋之末，绝无可疑。……两书皆好书，我还不认太贵（有人如此责备）”。

经柳著对诸信的细心排比和绎读，两宝入藏过程历历如在人目。但是，古人信笺，并非总是如此内容显豁，它们有的系零篇碎简，得之偶然；有的则喜用代称，敷衍典故，本事往往隐晦难明。即使将之从故纸堆里发掘出来，若无深厚的笺释功力，亦难品味其中蕴含的丰富信息。如陈奂致冯桂芬一函：

> ……驺从何时到宁？抑先到扬州？志局开工有日否？侧闻历来修志，扬人居多，今日扬人学问人品无出四子上者，四子分纂，不独总裁省力，且同辈亦省力。乃四子留其半，而半则无安砚之所，俾致乡隅，殊非爱士。可否能都转前旁击一声？都转若有私人，不妨增请。凡有益于己亦有益于人者，则言之；有损于己，且有益于人者，可言之。阁下好为益人之言，是以奂敢私言之。奂与杨季子亮、王句生翼凤，相慕卅年，始得遇见博山园。博学多闻，令人佩服。专函布闻，一切细底可面询季子耳。

初看一头雾水，经柳著征引文献并对读杨亮致陈奂的两函，始知该函内容为“道光三十年（1850）因纂修《两淮盐法志》事，陈奂撰书于主修冯桂芬，推荐杨亮、王翼凤两人”。函中所言“四子”，指刘文淇（字孟瞻）、杨亮（字季子）、吴熙载（字让之）、王翼凤（字句生）。道光后期，两淮都转盐运使童濂曾聘四人修纂过《南北史补志》，后来又议修《两淮盐法志》，但童氏病故，继任刘良驹（即函中所云“都转”）可能仅聘刘、吴参与《两淮盐法志》的分纂，故陈奂致书冯桂芬，希望他能在刘面前说项，为杨、王二人谋一生计。看来旧时底层文人学者生态并不理想，职位多需要友人关说推荐，并无稳定的保障。

王欣夫致郭则沄一函的信息更为密集复杂：

去年《辛巳丛编》印成，托修绠堂代为分发，尊处想早取到。晤君九先生，知《经学博采录》一种，古学院已据别本付梓。对校《丛编》本，溢出一卷，自是足本可贵。惟敝处所据为皓亭先生哲嗣南屏先生所藏手稿，弟整理时见复出一卷，故径行删去，想即缺一卷而误重出者。香港之变，桂氏手稿均烬，幸弟先抄得数种，以《群经补证》为最精。《丛编》既告停顿，不知尊处仍可陆续付刻否？如须佳稿，此种可备采也。弟前读《管子》，踵高邮、德清之续，成《校释》八卷，曾取《形势篇》“抱蜀不言而庙堂既修”语，颜所居曰“抱蜀庐”，亦犹苦县“抱一为天下式”之谊也。素治校雠之学，服膺惠定宇、钱竹汀、王石臞、顾涧薲四先生，既成《松崖读书记》《思适斋遗书》，本师曹叔彦先生已序之矣。近倩友人为作《抱蜀庐校书图》以志微尚，谨具素笺，求赐题咏，以光卷帙，

（敢）不胜大幸。《东塾杂俎》闻已刻成，拟备价商订一部。迩来纸张奇贵，不敢轻言索取也。公渚兄想常见，弟亦思求题《校书图》，欲通函而恐旧址或迁移，晤时乞先代致意为幸。

王欣夫为一代文献大家，先后任职圣约翰大学及复旦大学，所著《文献学讲义》尤为知名。郭则沄为光绪癸卯进士，简任浙江温处兵备道，署浙江提学使，亦是著名学者。此函写于民国三十三年（1944）二月廿九日，所说大略二事。

一有关桂文灿之著述。王欣夫与昆山赵诒琛曾于民国三十年辛巳年（1941）合辑《辛巳丛编》，收清人著述九种十七卷，包括广东南海名儒桂文灿的《经学博采录》六卷，此书系据桂氏次子桂坫（字南屏）所寄十二卷稿本，由王氏删削整理而成。民国三十二年（1943）《辛巳丛编》印成，王氏托修绠堂书店赠送郭则沄一套。次年，王氏由同乡王季烈（字君九）处听说郭氏据别本刊印《经学博采录》十二卷，较自己所刻多出一卷内容，于是去函解释自己整理十二卷本时发现重出一卷，遂删去，进而怀疑郭氏本多出的一卷即自己故意删落的一卷（其实王氏的猜测是错误的，郭氏所据为黄彭年之孙黄襄成的抄本，卷二所载皆为王氏本所无；而王氏本所删落者为卷十一，并非卷二，两本来源不同，内容也不尽一致）。又言自己抄有桂氏稿本数种，以《群经补证》最佳，可以提供给郭氏刊布流传。

一有关《抱蜀庐校书图》。王氏先述“抱蜀庐”之来历，缘于自己欲接续王念孙（高邮人）的《读管子杂志》和俞樾（德清人）的《管子平议》，故撰《管子校释》八卷，取其中《形势篇》“抱蜀不言而庙堂既修”语，名己所居曰“抱蜀庐”，意思类于老子（苦县人）所云“圣人抱一以为天下式”。接着述自己平生治学服膺惠栋（字定宇、号松崖）、钱大昕（号竹汀）、王念孙（号石臞）、顾广圻（号涧蘋，别号思适居士，著有《思适斋文集》）四人，因此曾辑惠氏著述为《松崖读书记》，又辑顾氏题跋及佚文为《思适斋遗书》，并请本师曹元弼（号叔彦）作序。然后自然述及友人为自己所作的《抱蜀庐校书图》，如今也想请郭则沄为其题咏。最后附带提出欲购一部郭氏所刻陈澧的《东塾杂俎》①。

此函书名、人名缤纷错杂，标点已属不易，解读更见困难。柳著为此苦心考索，引书达数十种，才使我们弄明白信中所述之事的来龙去脉。

由于柳著专门笺释学人书札，涉及学者心曲、读书心得、治学宗尚、疑难商榷、人际交往、书籍刊布流通等诸多繁难问题，非富有学养、为学沉潜者，恐只能“苦恨无人做郑笺”，望故纸而兴叹，寻故事而无端。幸而柳著能如吴格教授所序：“言之有故，持之以恒，潜心于他人所惮为之学而专研有得……心细若发，以

① 郭则沄虽以《金缕曲》词题咏《抱蜀庐校书图》，但民国三十五年（1946）即弃世，终未及梓行《群经补证》，亦未及赠送王氏《东塾杂俎》。如今《群经补证》被人拍卖而去，难觅踪迹，实为学界遗憾。

意逆志，证之以本传、文集、日记、题跋等，广征博引，钩稽史料，参互证明，遂使戋戋书札短语，生发出关联史实，令人目不暇接，如亲前贤謦欬。”此论平允周详，遂使本文不必就作者之功之善再予饶舌。

（原载《读书》2017 年第 4 期）

解开王安石身上的谜团
——《王安石年谱长编》读后

王安石身上有太多的谜团。

元祐元年（1086）他卒后，竟未见有行状、墓志、神道碑、家传等资料行世，这本身即是一大谜团。再加上《续资治通鉴长编》《宋会要》等重要史书世罕传本，大量笔记野史信口雌黄、以讹传讹，遂使这一代名相身上的污垢尘埃越积越多，世人竟有无复窥其真相之叹。如王安石的生日、字、封号、子嗣，王安石之弟王安国的卒年等，这些最基本的情况都属讹传或悬案，遑论其余。而素称年谱名作的清人蔡上翔的《王荆公年谱考略》，错漏处竟达 60% 以上，对于谱主作品的准确系年也仅占王安石诗文总数的 5.4%。今人虽不断对蔡谱有所补正，然皆零零碎碎，难成大观。但刘成国的《王安石年谱长编》，却堪称刮垢磨光的学术巨制。

王安石二子事迹常相混淆。王安石长子王雱，才华高绝，助父熙宁变法；次子王旁，有心疾，百计欲杀妻庞氏，王安石怜庞氏无辜，遂将之再嫁他人。由于雱、旁字形相近，他们的事迹常被混淆，反对变法者更是在笔记中将王旁心疾欲杀妻之事嫁接于王雱身上，借机诬蔑变法之人。三人成虎，因反对变法者蓄意诬蔑，兼之书籍刊刻时往往鲁鱼亥豕，遂致北宋后期有王安石因变法祸国殃民而绝后之传闻。这些不实传闻，有些竟被《续资治通鉴长编》《宋史》等采纳，南宋以后以“信史”面目出现，广为流播。千年之污，谁为洗之？刘著则首次利用王安石曾孙王珏墓志铭，结合《宋会要辑稿》中的史料，复原了王安石身后的四代血缘谱系，并将《续资治通鉴长编》、宋人笔记中关于谱主后裔的诸多无心之失或有意诬蔑，一一予以澄清，洵为王氏功臣。

王安石生辰，前人聚讼难定。今人有取文渊阁《四库全书》所收《能改斋漫录》卷十“王介甫，辛酉（天禧五年）十一月十二日辰时生”之说，且佐以《续资治通鉴长编》载熙宁四年（1071）该日王雱“蒙差押赐父安石生辰礼物”为证，貌似证据确凿。但刘著却注意到武英殿聚珍本《能改斋漫录》的异文：“王介甫，辛酉（天禧五年）十一月十三日辰时生。”并详考两宋礼制，宰执赐生日礼物乃在生辰前一日，从而王安石生于辛酉十一月十三日辰时可成定论。关于王安石胞弟王安国的卒年亦有熙宁七年（1074）、熙宁九年（1076）二说，前者所据为《四部丛刊》本《临川文集》卷九十一《王平甫墓志》，后者所据为《续资治通鉴长编》，似皆不容忽视。刘著则据《宋集珍本丛刊》所收宋刻元明递修本《临川文集》卷九十一《王平甫墓志》未有“熙宁七年”四字，以及洛阳新出土王安国神宗熙宁八年（1075）所撰《尚书屯田员外郎张君墓志铭》，推翻熙宁七年之说；又据王安石《中使传宣抚问并赐汤药及抚慰安国弟亡谢表》、曾巩《祭王平甫文》等，推断王安国当卒于熙宁十年（1077）八月十七日。《王平甫墓志》中王安国卒于“熙宁七年八月十七日”的记载，“七”当为“十”之讹。

其他如据2009年南京将军山王安石家族墓志发掘时出土的《王益墓志》和《王安仁墓志》，证定王安石之父王益卒葬之日是皇祐三年（1051）四月十日，葬地是江宁牛首山。据宁波新发现《宋故汪君庄氏墓志铭》，指出王安石治鄞时，鄞民始知土葬之礼，增进了人们对王安石执政地方时的了解。根据北宋灵隐山摩崖题名，考证出谱主于仁宗康定二年（1041）曾赴杭州探望大妹文淑，并于法喜院读书题诗。从《日本藏中国罕见地方志丛刊》之《万历新修南昌府志》卷二十八《艺文祠记庙记》中，辑出谱主佚作《许旌阳祠记》，增进了对谱主晚年思想趋向的理解。如此等等，比比皆是，不胜枚举。

当然，刘著不仅停留于利用新出或未被前人注意到的史料，而是对所用史料能详加辨析，精审考订，以求确解。前举诸例已为显证，另如刘著虽重新史料，但当正史文集足以定谳时，刘著亦不取来历不明之家谱材料。《能改斋漫录》卷十四曾载王安石“改字介卿”，方以智、王士禛、何焯等皆认同此说，刘著则从改字原因、改字风俗、亲友称呼等方面，力证“介卿”属于昵称，并非改字。嘉祐五年王安石接伴辽使事，王晋光《王安石接伴使辽及使北年代初探》、张涤云《关于王安石使辽及使辽诗的考辨》，都系于嘉祐八年（1063），原因在于认为北宋送伴使伴送辽使，只至宋、辽边境白沟；而王安石使北诗中有《涿州》《出塞》两篇描写辽国境内的景色。故王安石于送伴辽使外，应当正式出使过辽国，最有可能是嘉祐八年四月担任遗留国信使出使辽国。然而王、张均未发现关于王安石正式使辽的任何史料，纯属推测。刘著则据《续资治通鉴长编》所载送伴使“故事邀过白沟，置酒作乐”，考证王安石嘉祐五年（1060）春伴送辽使归国时，曾按惯例越过宋、辽边界进入辽国，故撰有四篇描写辽国境内景物的诗歌，除此外，未曾正式使辽，考辨过程非常精彩。

更令人钦佩的是，刘著对王安石 40% 以上的诗文作品皆予证据充分的准确系年，另有 45% 的作品也能大致系年，而诗文的系年，对于考辨谱主行实、交游、思想、心态均至关重要。如王安石《送子思兄参惠州军》中的“子思兄”，沈钦韩《王荆文诗文沈氏注》谓“子思兄”乃黄孝先，刘著据《（道光）广东通志》指沈注之误，谓“子思兄”乃谭必，故系此诗作于谭必英宗治平年间赴任惠州时，令人信服。《桃花源》系王安石名篇，“闻道长安吹战尘，春风回首一沾巾。重华一去宁复得，天下纷纷经几秦。”足见王之高远政治理想，然前人皆未能系年，刘著则考出其作于嘉祐元年（1056）。刘著还据《景定建康志》卷十二所载“熙宁七年四月王安石知江宁府，八年三月一日赴阙”，将王安石名篇《泊船瓜洲》系于熙宁元年（1068），并证明诗歌第三句当作“春风自绿江南岸”，进而指出此时王安石与吕惠卿并非交恶状态，驳斥了《宋史》对王（安石）吕（惠卿）交恶、新党分裂的叙述。

刘著所运用的资料，不仅有《续资治通鉴长编》《宋会要辑稿》《宋史》等史料，而且举凡小说笔记、方志家乘、总集别集，乃至新出土文献、电子文献等，凡与谱主相关者，无不搜罗殆尽，颇有“上穷碧落下黄泉”之感。可以说，善于利用新出或未被前人注意到的史料，填补前人未臻之空白或解决前人聚讼，是刘著的一大特色，也是其收获最丰之处。

刘著对北宋著名政治家、文学家、学者王安石的一生，做了细致的材料爬梳和综合考述，内容丰富，堪称近年来宋代文史基础研究的一项重要成果。如果要说什么美中不足的话，我觉得刘著较明显的问题是征引《续资治通鉴长编》太多，而未及完全消化，特别是熙宁四年至九年，所引材料有密不透风之嫌。不过，对于编纂年谱，我只有失败的教训，而谈不上什么成功的经验，姑且置此一说，以俟方家正之。

（原载《光明日报》2018年4月29日。“将王安石名篇《泊船瓜洲》系于熙宁元年（1068）”，原稿笔误为“将王安石名篇《泊船瓜洲》系于熙宁八年（1075）”，今改正）

家集：独特的中国文化传统

世家原指世代有禄位之家，是从政治着眼；后来泛化，亦可指称以某种专业世代相承的家族。“我们这一门有一种做诗的家风”，冯友兰在《三松堂自序》中自豪地说。冯友兰的祖父冯玉文有《梅村诗稿》，伯父（冯云异）有《知非斋诗集》，父亲冯台异有《复斋诗集》，姑母冯士均有《梅花窗诗草》，冯氏自然可以被看作文学的世家。冯友兰后来将祖父、姑母、父亲的诗集汇编，于1964年油印出版，尽管他没有给这种汇编总的命名，但从编刻形式和内容看，其无疑属于家集的一种，姑名之“唐河冯氏家集”可也。

这里的“家集”，是家人著述总集的意思，因为是总集，人数不能低于两人，多则不限，它可以汇合或编选家族同代成员的作品，亦可汇合或编选家族二三代乃至数十代成员的作品。家集在目录学上隶属于集部，所收家族著述也主要以诗文为主，因此，像“唐河冯氏家集”之于冯氏的意义一样，家集首先可说是文学世家的象征。据徐雁平《清代家集叙录》（安徽教育出版社 2017 年版，以下简称《叙录》）统计，见于著录的历代家集种数，唐前 8 种，唐五代 8 种，宋代 29 种，元代 17 种，明代 193 种，而清代竟达到 1244 种，已构成一种令人瞩目的文化现象，也成为新的学术生长点的文献基础。

互相比赛的序

河北献县刘修鉴自序《清芬丛抄》云：

> 间尝与可园张参议（南皮张权）论及河朔文献之传不若江浙之盛，引以为憾。可园曰："北人多直质自重，闭户著书，不肯轻以示人，文自梓者绝少，风雅提倡亦不若江浙，以故日就湮没。如君家先世著述俱堪不朽，虽经各家采录，第无专集之梓，可推而知矣。南人好事，往往互相标榜，文或可传，即不自梓，其族与邑亦必为之梓之，以故传之也多。"余闻斯语，不禁有动于中，窃念先世著述，其可听其湮没，而不整理以期公诸世耶？

刘修鉴乃晚清名宦刘书年之子，张权是更为著名的张之洞的长子，献县刘氏与南皮张氏本来累世姻亲，但到了 1938 年刘修鉴作此序时，张氏依然贵显，刘氏则湮没无闻，因此刘修鉴不得不借重张权之口，推扬先世著述之不朽，而所论南北士风之差异，明显带有一种不服输的意味。而浙江大儒俞樾，也为不少家集作过序，为了避免重复，他往往采用不同的修辞策略：

夫弟兄竞爽，自古难之，郊祁、轼辙，世所艳称。至于《花萼》之集，合为一编，同传千古，则尤其难者也。稽之前代，有兄弟三人为一集者，如宋孔文仲、孔武仲、孔平仲《清江三孔集》是也；有兄弟四人为一集者，如宋柴望及其从弟随亨、元亨、元彪《四隐集》是也；有兄弟五人为一集者，如宋窦常、窦牟、窦群、窦庠、窦巩《联珠集》是也。乃今又得之于祥符周氏。……五先生皆旷代逸才，而所存止此，亦可悲也。然诗文皆自能成家，不染近代浮靡之习，则此一集也，亦如精金美玉，其光气固不可埋没，窦氏《联珠》，不得专美于前矣。（《五周先生集》序）

余惟世擅著述，若宋代之三刘家集，明代之长洲文氏五家诗，艺林皆以为美谈。听岩先生曾辑姚姓一家诗文至一百卷之多，则姚氏一门，人人有集，居可见矣。若女婿之集附妇翁之集以行，于古罕征。（《姚程三先生遗集》序）

河南祥符周沐润、周源绪、周星譼、周星誉、周星诒五兄弟，人各有集，俞樾为之作序时，是采用历时比较的方式，突显五兄弟合集之罕见；而在序江苏金山姚念曾及其子姚清华、其婿程秉格的合集时，他突出的则是“女婿之集附妇翁之集以行，于古罕征”。

据《叙录》的统计分析，清代上千种家集的序言中，存在着大量类似的趣味“比赛”，他们比世代、比人数、比收录范围、比家声，诸如此类，在比较与比赛中自然凸显了所序家集的独特价值。但是，如果仅仅将这种序之间的比赛理解为一种修辞策略，那无疑是没有窥到其真正的用心所在。

“岂独文采传三世？”

潘光旦曾说祖宗对于中国人而言，其作用较西洋大，并说祖宗的力量，一在遗传，二在教育（《明清两代嘉兴的望族》，商务印书馆，1947 年，第 115 页）。遗传、教育不单指血液、身体、基因方面，还包括精神方面。家集的编刊，无疑是家学传承的重要保障。道光十一年何天衢撰《议刻族中先辈遗诗书》，已强调此“物质载体”的重要性：

> 惟日月如流，老成迁谢，死者既不可作，而生者又决不能百年，不及早图之，将文献无征，日甚一日，恐更难为力矣。况族谱久未修辑，小子后生每数典而忘其祖。

斯集一刻，有诗者固开卷了然，而履历之下，上而祖宗，旁而昆弟，凡有德行文章、勋名阀阅者，举得以连类并书，略存梗概。

家族后人总在设法为先人扬名，使之不朽。虽然《左传·襄公二十四年》有曰：“太上有立德，其次有立功，其次有立言，虽久不废，此之谓不朽。”但从传播学与接受史的角度说，“德”与“功”实要依赖于“言”始能为世所传、所知从而获得不朽，说到底，著述反而成为最稳妥的不朽方式。对于书香门第，如果想要世代不朽，刊印诸如家集之类的文献使其永存于天壤间，是当然可行之法。因此不论是序家集或者是编家集，其心眼实在“不朽”二字。这一点，在华夏中国，无论古今，无论南北，无论民族，无论男女，概莫能外。《叙录》收录满族家集 17 种、土家族家集 1 种，又载有专收女性诗文的 38 种家集和兼收女性诗文的 110 种家集，即为明证。

让“先人”借家集而不朽，“使数百年以上祖宗之性情謦欬，与数百年以下之子孙相接”（赵基《吴江赵氏诗存后序》），这自然是“孝”的体现，是一种“守”与“待”。而另一种，则具有创新性质，子弟自有建树，以自己的著述接续先人的文字。按《孝经》或司马迁之说，这一做法也是“显父母”，乃“孝之大者”。

1983 年 7 月，冯友兰女宗璞获钟山文学奖，并获赠石砚，八十八岁的冯友兰送女儿一副对联：

槐树旧街，传下三世文采；

钟山新砚，送来六朝风流。

上联中“槐树旧街”，乃宗璞出生之地海淀区槐树街，“传下三世文采”乃指唐河冯氏书香，至宗璞一代，其实已超过关键的三代。这一关于家学传承的“私语”，在1990年夏冯友兰送女儿最后一副对联中再现：

鲁殿灵光，赖家有守护神，岂独文采传三世；

文坛秀气，知手持生花笔，莫让新编代双城。

下联中“新编”指《中国哲学史新编》，“双城”是宗璞拟写的小说《双城鸿雪记》（《向历史诉说：我的父亲冯友兰》，人民文学出版社，2017年，第88页），“莫让”指女儿搁置小说创作计划，照顾父亲撰写“新编”。这副对联与1983年对联比照，虽是一脉相承，然亦有其侧重：父女同以著述者在联语中出现，文采“传三世”以包涵深意的“岂独”激荡，又增加了新的内涵，上联赞美女儿的“守护”之功，成全了“鲁殿灵光”的自己；下联寄望女儿不要埋没了手中的生花妙笔，要继续有所著述。冯氏的这副对联，包括了家族子弟两种“孝”的方式，与清代众多家集编辑者所表达的心声皆潜相通。

一家之集非仅为一姓之书

雕版刊印，是清代家集的主要流传方式，不过稿抄本家集的数量也有不少。刊书不易，费钱费力。传统社会文人生前能刊印自己的诗文集已是幸事，家集因其体量较大，通常要等到家境殷实或有子弟腾达时，才有付诸梨枣的机会。他们时存忧患之心，“悼遗书之灰烬，惧先业之颠坠”（《邱氏家集序》），“计二百余年所存，间有遗失，家风不古，诚恐嗣后鲜知珍重，更叹靡沉”（《致远堂金氏家集诗略序》），为了编纂和刊刻家集，家族子弟用心良苦，备尝艰辛。

然而，并不是所有家集都有被刻印传世的机会。像《海昌查氏诗抄》，乾隆间查虞昌（梧冈）原辑，同治光绪间查有钰（式庵）重编，卷首有同治癸酉查世溥（客槎）跋云：“余家梧冈公辑《同宗诗抄》，兵燹后只存孤本，兢兢以失坠是惧，式庵从余游，嘉其潜心劬学……出家集付之，冀其录副以广其传，谓是集编辑以来，已阅百年，吾家风雅，不乏嗣音，惜年来困于衣食，奔走东西，无遑收辑……壬申秋归自括苍，式庵携补编、续编见视，属为校订，见其采入者至二百余家之多，非勤于缵述，笃于宗支，而能搜罗如是之富哉。”查有钰光绪十三年（1887）亦自跋云：“同治纪元春，得族曾祖梧冈公所辑《同宗诗抄》，不啻球璧之珍。其序略云，有采辑于岩门公《诗逸》云，询之岩门公后人，则其书无存焉。梧冈公是编，历兵燹犹留此孤本，亦幸矣夫。钰因重录副本，又复别为采辑……不揣谫陋，广为搜罗，有求之子孙家藏者，有从戚友借抄者，以及选家采录，名家附存，虽断篇残章，必多方购求焉。”知由《诗逸》《同宗诗抄》到《海昌查氏诗抄》，编纂经历数代人百余年，洵属不易。是书所录海宁查氏家族数百人小传和诗作，可补国史和方志之不足，文献价值很高，但至今仍以稿本形态藏于中国社会科学院文学研究所图书馆，使人既惜其未能梓行，又幸其尚未散失。

《叙录》所著录的一千多种家集，其实每一个著录项目背后，都藏有一段书籍文化史和家族生命史。王伊在《浚仪世集序》中述及赵希文保存故纸、护持根本时说：“丛残剩稿，或未经杀青；寂寥短章，或偶留遗墨；年代湮远，散佚已多。毅盦修辑家乘，搜访有年，掇拾于兵燹之余，虽片什零笺，珍如拱璧，雪抄露纂，汇成巨编。”可知赵氏家集的编刊所经历的艰难。这段文字中同时提及编家谱与家集，家集似是家谱的“副产品”。其实这两种文献密切相关，有时家谱中的“艺文”会独立出来，形成家集。修谱是孝道的有力表现或践行方式，清代江南“族必有祠，宗必有谱”。谱三十年一修，“三十年不修谱，即为不孝”，因而有三十年一小修五十年一大修之说。修谱对于家族子弟而言，已俨然形成一种规约，有此约束，清代形成广泛、持续的修谱之风，据王鹤鸣《中国家谱通论》的统计，清代、民国家谱总数达到13124种，而家集总数不及家谱总数的十分之一。数量有如此落差，是因为耕读传家的家族毕竟不是多数，而其中有著述的则更是少数。由于没有三十年一修的规条约束，家集的编刊更能体现一种自觉的孝道和保存文献意识。家集的形成，基本上依靠有心人挺身而出。此外，因不必在规定时间内完成，家集累积成型的时间更长，百余年的保存，几十年的编辑，对于大多数家集而言，是寻常之事。

然而，如果仅将家集看作一家之“春秋”，仍是将其浅薄化了。《平湖屈氏文拾》卷首胡士莹序云：“夫一家之集，即乡邑文献之一部；而乡邑文献，亦即全国文化之基础。然则是编也，虽寥寥数文，而以文存人，固大有益于乡邑者也，乌可以为一姓之书而少之哉。”一家之集非仅为一姓之书，而是在很大程度上体现出家国同构关系。如《叙录·前言》所指出，清代的文献存在“整合配套关系”，“如就一人而言，有自编年谱，有自定别集；一家一族则有家谱，有家族总集（家集）；一乡一镇、一县一府乃至一省，有百科全书式的志书，又有郡邑总集。层层外推，大小呼应，古今关联，形成层级的文献体系。”当然，这种同构并非是完全同步，而是同中有异。

从《叙录》统计的清代家集编辑刊印数据来看，乾隆朝以前家集数量较少，嘉庆、道光朝以后较多，其中值得特别注意的现象有两个：其一，是太平天国战争之后家集数量有大幅度增长；其二，辛亥革命之后家集数量仍持续增长。《叙录》作者为求较稳妥的推断，普查统计《中国家谱综合目录》著录的1949年以前编成的14719种家谱，发现清代家谱与家集起伏变化的曲线吻合。这两种统计对深入思考中国文化有较重要的启示：战乱之后，必有文化的恢复、整理、振兴之举，这种自觉的文化行为，自一家一姓延展至整个国家。辛亥革命之后，基层社会的文化并未迅速改头换面，传统文化仍有强大的惯性，政治革命与文化变革并未同步，基层社会中，家族的力量仍然强大。

家集：独特的情感方式和文化精魂

家集，可以说是我们中国独有的一种文化现象。从世界文化角度看，外国的艺术世家数量可能不少，但以文学世其家者却不多见，更不能想象会涌现出如此海量的家集。这可能因为中国人很早就把“文学”（广义）当作君子教育的四科之一，唐宋实行科举制，文学才能的考察更成为中心的一环，因此宋代以后文学世家星罗密布，家集编纂层出不穷，至清代达到鼎盛。《叙录》促使我们去重新认识文学史、认识中国的文学传统。

尽管《叙录》所收家集以文学作品为主，但也兼收了一些文学意味并不强烈的著述。如《宝应乡贤刘蓼野端临乔梓遗札》《丹徒柳氏先德遗墨》《浙江嘉兴府秀水县朱氏四代手稿》等。以《浙江嘉兴府秀水县朱氏四代手稿》为例，所收内容颇为杂芜，既有家族中人的制艺、日记、书启等，又多家族中人读书时的笔记摘抄，如“高祖考秬堂府君手抄易理”一册，录苏文清公《读书录》、周子《通书》、张子《正蒙》等文字；“高祖考秬堂府君手抄音韵阐微”一册，录《音韵阐微凡例》《四等分轻重式》《论切音用字》《韵谱》等。如果说这反映出《叙录》著者对家集定义所持有的较为宽容的眼光（因为像“遗札”“遗墨”“手稿”之类的字眼其实反映不出来主观编纂家集的意图），那么浙江会稽的《顾氏家集》，其中也收有《北征日记》《鹤巢语录》《衍洛图说》《学医随笔》等经史子的类别，确可说是反映出清人对传统集部观念的突破和扩大。家集，某种程度上又可以指向文化世家的家学和著述。

汪丁丁称中国文化传统由物质生活方式、社会生活方式构成，其中后一种是指“情感方式”（《行为社会科学基本问题》，上海人民出版社，2017年，第172页）。家集的保存、编辑、刊印甚至流通，应是传统中国特有“情感方式”的表征。家集作为一种文献，在世界文献体系中，独一无二，它体现了中国人对祖宗、家庭、文字、传统的感知方式与情感体验。“家”在这一层面上既是生产人的基本单位，也是生产、传承文化的基本单位。家集作为时间长河中的沉淀之物，在自我复制的同时，也完成了人情空间的生产，逐渐形成以家为单位不断弥漫的文化关联，以及有情感体验的文化版图。希尔斯（Edward shills）说：

> 我们会说，一个社会是一个由数不胜数的行为、观点和思想组成的自我复制过程……如果没有持续性，社会就不成其为社会；复制的机制赋予社会以持续性；这

一持续性是社会之所以被定义为社会的条件。(《论传统》，上海人民出版社，2014年，第180页)

《叙录》用十多年时间累积而成，是一个“持续性”的结果；而《叙录》所记录的一千多种家集，隐涵一家一族的故事，更有一个庞大的“持续性”行为存在。家集的抄录、保存、编辑、刊印等“自我复制”和“再生产”行为，在一定程度上使得家学传承落到实处，赋予传承过程较为稳定的文化意义。

家集，不仅是中国文学的独特风景，也是中国传统文化的特殊音声。正是此类的独特或特殊，使我们能够傲然挺立，卓然秀出，不致目盲耳聩于五彩缤纷、众声喧哗的世界文化之林，中华民族的文化精魂也随之流布寰宇，绵延无尽。

(原载《读书》2019年第1期，发表时题目被改为“从家集看中国文化传统的独特音声”，今仍用原稿题目)

什么样的古籍影印值得期待

近些年来，随着党和国家对文化事业的重视，古籍整理也迎来了新的高潮。不仅各种点校排印本如雨后春笋，而且大规模的影印丛书也纷纷问世。但是由于影印古籍只有归属权而无知识产权问题，再加上某些出版社唯利是图，高定价，快上马，粗制滥造，东拼西凑乃至彼此重复，导致不少专家学者对近年来的古籍影印持批评态度，认为不过是拿来即印，技术含量不高。这种看法当然并不全面，但却促使人们思考，到底什么样的古籍影印才富有价值，才值得期待？

徐晓军和李圣华主编的《浙学未刊稿丛编》（以下简称《丛编》），主要收录明代以降浙籍人士以及外省人士有关浙学的未刊稿抄本著作。目前，《丛编》第一辑已经付梓，皇皇 100 册，收录近 90 人 130 余种稿抄本著述，均为首次影印，且罕见排印整理本。我以为，《丛编》称得上是一项富有价值的、值得期待的古籍影印工程。就笔者寓目的第一辑而言，至少可以彰显出两方面的学术意义：

其一，能够较全面地反映明代以降浙江区域繁荣的基层文化生态。南宋以来，浙江在全国的文化地位越来越显赫，浙学也突破区域限制，成为全国性的显学。这一切，其实基于浙江特别丰厚的文化土壤，浙江不乏日月经天、光辉四射的文化巨人，然而更多好古博学、基数庞大的中下层文人。如本辑所选的向洪上、刘光亨、王钦豫、项圣谟、王石如、王树英、曹大经、龚橙、屈元爔、戴穗孙等，位既不显（多数仅为诸生），在文化史上亦无重大影响，然而他们喜爱收藏和校抄古籍，且勤于著述，乐于交流，构织出一幅弥漫着书香与人情味的基层文化图景。像龚自珍之子龚橙，仅为监生，但于书无所不窥，学问浩博，著有古金石文字丛著 20 种。这些人物及其文化活动，是江南书籍社会和浙江基层文化生态的真实反映，也是浙学的根脉所在。根深，自然花叶茂；雄厚的文化底蕴，自然能催生出吕祖谦、陈傅良、叶适、陈亮、王应麟、王阳明、吕留良、黄宗羲、全祖望、章学诚、龚自珍、章太炎、蔡元培、马一浮、鲁迅等大家巨擘。

其二，能够激发新的学术生长点。由于《丛编》所收皆为未刊及未整理过的稿抄本，对于学者来说，每种都是新文献，都有可以利用和研究的价值。如明代广东布政使陈选，深于经学、小学，本辑所收《恭愍公遗稿》系其别集，以前鲜见有人利用。明代书法家丰坊善治《诗经》，诗多不传，本辑收入其稿本《南禺外史诗》一卷，既补史阙，又使人领略其书法之美。尤其是本辑所收国家一级善本古籍《宋元学案》稿本，余姚博物馆所藏，经黄百家纂辑，全祖望续修，黄璋校补，黄徵乂校订，卷中多有全氏及黄氏父子三人按语，另录有平鼺、顾諟、杨开沅等人校语，对于弄清《宋元学案》成书过程、诸人贡献及编纂思想之变化，具有极为重要的作用。另外，像黄璋《周易象述》稿本、查慎行的手稿日记《壬申纪游》、杭世骏的《全韵梅花诗》稿本等，皆令人耳目一新，欲睹为快。王国维云“古来新学问之起，大都由于新发现”，陈寅恪云“一时代之学术，必有其新材料与新问题”，《丛编》之影印出版，恰可为王、陈之言添一例证。

《丛编》令人称道之处，还有一切站在读者立场上考虑问题。徐晓军、李圣华两位主编拟定选目的主要原则有两个：一、国家和省级珍贵古籍优先选入原则，将第一批至第五批《国家珍贵古籍名录》中浙江图书馆藏未刊印过的稿抄本全部选入，解决珍贵古籍看书难的问题，第一辑入选国家珍贵古籍名录者有 15 种，入选浙江省珍贵古籍名录者有 19 种，可谓洋洋大观。二、优先选入国家珍贵名录所收人物的其他著述，以方便学界研究。而且每种入选书籍都附有专家撰写的提要，以揭示其特点和价值；《丛编》未按四部分类，而是将同一作者的不同著述集中起来，排序大致按作者生年先后，颇便学者利用。

笔者在《古籍整理学术评价标准刍议》（《古籍整理出版情况简报》2018 年第 10 期）一文中曾提出“创新性、难易度和重要性”三个标准，适用于评价古籍的排印整理和影印整理。以之来检验

《丛编》，《丛编》也无愧于一项文化精品工程。

《丛编》是图书馆界、学术界和出版界强强联合的结晶。只有通过这种强强联合，才能使古籍影印成为一项可以藏之名山的事业。

（原载《光明日报》2019 年 5 月 11 日）

日记研究的空间及相关问题探讨

——以周绚隆《易代：侯岐曾和他的亲友们》为中心

明清易代之际，江南士夫抵抗最烈，所受荼毒亦最酷，“扬州十日”“江阴保卫战”“嘉定三屠”，家破人亡的惨剧让人触目崩心，其中嘉定诸翟（今上海市闵行区诸翟镇）侯氏的遭遇很有代表性。

侯氏原系山西上谷杨氏一脉，后过继侯家，宋室南渡始迁至嘉定，世代经营，至明中后期已成当地巨族；家中子弟人材辈出，峒曾、岐曾、岷曾三兄弟被誉为“江南三凤”，下一代的玄演、玄洁、玄瀞与玄洵、玄汸、玄泓，被誉为“侯氏六俊”。峒曾（1591—1645）为天启五年（1625）进士，刚正不阿，为政有声，崇祯十六年（1643）擢顺天府丞，未至而京师已陷，福王在南京即位，以通政使司左通政召，以疾辞。清顺治元年（1644）闰六月，嘉定人民为反抗剃发令，公推峒曾与同乡进士黄淳耀为首领，树起“嘉定恢剿义师”的大旗，清军反扑，城陷，峒曾及二子玄演、玄洁皆赴死。是时，峒曾之弟岐曾（1595—1647）与家人自城徙避于乡，负起奉母抚孤之责。然而，清廷对敢于抗命的家族惩处严厉，自峒曾殉难后，籍没之令频下，岐曾使尽浑身解数，行贿请托，也仅是将此结果延宕了一年多而已；顺治四年（1647）五月，他因藏匿陈子龙连染被逮，十四日被杀于松江，侯家被抄没，家资洗劫一空，妇女大受惨辱。此后侯氏族人纷纷逃难，甚至隐姓埋名，有清一代，渐无闻人，昔日名门，就此衰微。

《侯岐曾日记》（下文除必要之处，皆简称《日记》）起于丙戌年（1646，顺治三年）正月初一，止于丁亥年（1647，顺治四年）五月初十日，这不足一年半的时间，正是侯氏由盛转衰的关键期。且《日记》除记重要时事及日常酬接外，亦将倾诉心曲、“事体宜存”（《日记》自序）的写给亲友的书札录入其中，因此这部《日记》，对于了解侯岐曾内心世界以及那段惊心动魄的岁月就有了独特的史料价值。

《日记》收入《明清上海稀见文献五种》出版后，逐渐引起学界注意，出现了一些相关研究成果，但或失之简，或失之浅，或属于历史文学创作，真正有分量的学术论著当推冯贤亮的《清初嘉定侯氏的“抗清”生活与江南社会》和周绚隆的《易代：侯岐曾和他的亲友们》（下文简称《易代》）。冯著后来经过改编，成为其专著《明清江南的州县行政与地方社会研究》的第五章《政治变动与日常生活》，意在通过《日记》展现江南士绅们的抗清活动以及他们在清廷密网捕杀下的日常生活；周著《易代》分八章："孤臣碧血遗民泪——读《侯岐曾日记》""谁不誓捐躯杀身良不易——士人的生死选择""彩云散后空凭吊——闺阁膺世变""王谢雕梁事已非——膏粱悲飘蓬""避秦无计矢报仇——烈士夏完淳""此生只合老书帷——塾师陆元辅""失侣青春首似蓬——寂寞夏淑吉""义仆与恶仆"，意在为《日记》中出现的诸多人物立传。如何立好传，让日记里的人物具有鲜活的生命感，不再是被宏大历史叙事遮蔽了的伶仃文字符号或抽象统计数字，这是日记研究的一大主题，本文拟以《易代》为中心对此略做探讨，并延伸性讨论如何拓展日记研究的空间等相关问题。

一 人物与事件：殚力拼缀历史碎片

古代私人日记，虽然内容驳杂，目的、种类不一，但记录日常生活以备忘则为其大宗。故日记所及之人，常出现其他史料难以见到的宗亲姻戚、细民奴仆之名，且多书以简称或小名，即使所接人物于史有征，也常以字号乃至化名、代号称之；所记之事，亦常掐头去尾，简略言之；总之自己明白即可，不必像史传那样详其姓名字号及一生事迹。故日记中出现的人物和事件，初看往往只是一堆凌乱的文字符号，颇不易知其人其事。因此，欲研治日记里的人物，于此处必先究明，否则终如雾中观花，难有实获。

侯岐曾的日记，因涉及当时诸多抗清人物和事件，用语更加隐晦。如：

端哥原名完淳，今易名炤。先是瑗公依予虬江陈房，已改姓黄，名志华。时唯恐声迹少露，朝夕密通往来，止裁竹纸一小幅，缄题必呼“黄老”。予则久号“半生道人”矣。遭变来，道义至交远近略尽。其仅存者，俱改易姓名，如张采为山衣道人，姚宗典为虞文身，杨廷枢为庄复。入海诸贤，姑需后纪。（《日记》丙戌正月十三）

其亲家夏允彝化名“黄志华”，夏允彝子夏完淳化名夏炤，张采化名山衣道人，姚宗典化名虞文身，杨廷枢化名庄复，他自己则称“半生主人”。另外《日记》还记载陈子龙化名“车公”、仆人侯驯化名“川马”、杨廷枢又号“中道人”等。但是《日记》并未将所有涉及之人的化名、代称都予交待，而且相熟之人以及家庭成员的称呼，常常有不同的称呼和变化。如丙戌三月的两则日记：

粥后，泓夫妇别去。七侄妇为其弟操舟迎去。晚得吴门信，云沈老将北行，许缓颊于涿州、虞山两相公。（《日记》三月十八）

午刻，两叔偕德符郡回，知三点少验。……侄出废文秘祝，亦犹存古意也。（《日记》三月廿一）

泓夫妇尚可推知是玄泓夫妇，两叔也可推知是文侯、公羊二叔；然其余人是谁，则颇难晓。经《易代》考释，始知第一则中的七侄妇为玄演之妻姚妫俞，沈老则指公然索贿者沈宏之（字茂之），“涿州”指时任弘文院大学士兼礼部尚书的冯铨，“虞山”指时任礼部右侍郎的钱谦益。沈宏之崇祯间曾做过冯铨的幕客，“缓颊”指沈得贿赂后答应为侯氏“籍没”之事向冯、钱两人说情。第二则中的德符指其内侄张懿实（字德符），废文则是姚妫俞之父姚宗典的另一称呼，《日记》中经常出现的“废老”“虞兄”也是指他，“存古”则是夏完淳之字，“存古意”指的是《日记》三月廿日所云的“见存古札，嘱通澥南音问”，即秘密与舟山鲁王方面联络。如果没有《易代》的解读，人物、事件皆如在五里雾中。

但要考索清楚这些人物或事件，又谈何容易？不但需要将《日记》本身的信息吃透，前后联系，反复排比；而且需要广泛查阅《日记》外的各种史料，寻绎其中的蛛丝马迹，层层剥笋，逐一落实。一句话，必须下足史家细密的考证工夫。

如侯门四位女眷出家后的法名，玄洵之妻夏淑吉法名净云；玄演之妻姚妫俞法名慧净，改号再生；玄洁之妻龚宛琼法名慧明，改号印光，又改妙指；峒曾之女达本法名道树，改号契中。这些法名在《日记》中都曾出现，但多未言明何人系何法号，《易代》完全靠前后文细心排比，推断得出；而且还据《夏完淳集》《国朝闺秀诗柳絮集》等史料考出夏淑吉另号神一和龙隐，藉此纠正了自陈维崧《妇人集》以来将夏淑吉、夏龙隐当成两人之误。

再如《日记》中另一位出现频率较高的“管科”，侯家与官府交涉钱粮之事，多由他出面，似乎颇有地位，以致有的研究论著将之看作与侯家有亲戚关系的衙门中人；《易代》则据《月蝉笔露》所载“吏承牒报籍矣，老仆管科遇于途，醉之，去其籍”，考明管科系对侯家忠心耿耿的老仆人，使读者对明末清初仆人的重要性有了直观认识。

又如龚得和，在《日记》中出现了90余次，系侯岐曾姻亲，但大名及事迹不详。《易代》根据新发现的《疁城龚氏族谱》，考知龚元侃字得和，娶侯岐曾三女儿侯达真（《日记》中云“女华”，《国朝闺秀诗柳絮集》云其名“蓁宜”），龚元侃系达真祖母龚氏之族侄（应出了五服），因此属于亲上亲。《疁城龚氏族谱》收有龚元侃之子所撰《文学南溟（龚元侃号）公行状》和《侯孺人行略》，这使我们对其夫妇的了解一下变得详实起来。

当然，欲使《日记》中的人物具有生命活力和动态感，仅仅指实何人何事还远远不够，更不能止步于《日记》中的记载。高明的史家，会以日记中提供的内容为线索，广泛搜集和利用各种资料，竭尽所能地还原事件本身和人物真实面貌，最终使碎片化的文字符号联缀成一幅幅生动的历史画卷。《易代》自觉地运用了这种方法。其前言云：

> 日记虽因侯岐曾被杀中断了，却在我内心勾起了重重疑问：针对这个家庭接下来发生了什么？男人们死丧逃

亡之后，侯家的女性是怎样熬过灾难的？侯氏后人的处境如何？深受侯岐曾思想影响的家庭教师陆元辅，在日后走向社会时，经历了怎样的思想转变？这一系列问题，促使我不断寻找材料和线索，希望能给自己一个满意的答案。（《易代》前言）

想要追寻这些人物在侯岐曾被杀之后的遭遇，从侯岐曾生前《日记》中自然无法获得答案，必须依赖其他各种传世资料。以陆元辅为例，《日记》中他的名字出现了60多次，作为侯氏的家塾先生，又是侯岐曾的学生，他与侯家关系无疑密切，但是可能正因为熟悉之故，《日记》中极少对其介绍。他闻名后世的救孤义举和与诸多显宦的交游，都发生在侯岐曾身亡之后。《易代》第六章专为之立传，就借助了大量《日记》之外的史料，主要根据陆氏的《陆菊隐先生诗文集》，并结合黄淳耀《陆翼王思诚录序》、陈瑚《菊隐先生文集序》《陆新川隐居七十诗序》、张云章《菊隐陆先生墓志铭》、归庄《小宛斋记》、钱澄之《菊隐诗为璆城陆翼王赋》《与陆翼王》、姜宸英《菊隐说》、计东《菊隐赠言册序》、钮琇《觚賸》、秦瀛《己未词科录》、徐釚《送陆翼王南还》、王鸣盛《杕左堂集序》《朴村集书后》、民国《嘉定县续志》等史料总括而成。

《易代》中的陆元辅，自幼喜学，勤读不辍，后受业于黄淳耀和侯岐曾。黄淳耀对陆元辅有道德示范意义，侯岐曾更对其“勉以圣贤豪杰之事”。陆元辅为人宽厚，性情恬淡，为学不尚虚名，持论也不陷偏激。故明亡之际，在和多数读书人一样面临生死抉择时，他既不诎身贬节以求苟免，也不轻弃性命，做无谓的牺牲。这种性格决定了他后来人生道路的选择。

顺治三年四月初，侯玄泓邀陆元辅入家塾，教孤侄侯檠及长子开国读书。次年五月初十，侯氏再遭家难。危难之际，夏淑吉以孤子相托，陆元辅慨然允诺，成就了一段救孤的传奇。入侵者的暴虐，师友的鲜血，亲人的流离失所，加上自幼接受的夷夏之防、君亲之伦，都让他对这个异族建立的新政权一时难以认同。但是，这一切都抵不过现实的残酷和时间的无情，随着清朝统治的逐步稳定，恢复无望，迫于生计，陆元辅的对抗之情逐渐淡化。

顺治十二年，陆元辅的学生马莹乡试中举，有人从道义的立场表示惋惜，陆元辅撰写《送马生入泮序》声援自己的学生，他认为人虽无法选择时代，但只要道宗先圣，心存正统，即使参加了异族政权，也可以使“儒道不坠”，收到“时否而心亨，迹污而道洁”的效果。陆元辅借机对自己的人生重新进行定位，那就是在传道授经之余努力保存先世文献，坚持个人著述。

作为黄淳耀与侯岐曾的门人，他曾立志要做个“顶天立地的汉子”，当然不会在新朝求仕。康熙十七年朝廷召举博学鸿词，礼部尚书吴正治以其名荐，次年与试，他以语多规谏落第；但他又并没有隐居的资本，唯一擅长的就是教馆授徒。这样既能维持生计，也能继续传经授道，保斯文之不坠。因此他长期辗转于诸多豪门的家塾中授徒著书，又自号菊隐，始终不失自尊，以理学名家自持；直至晚年归家，贫病而终。该章标题“此生只合老书帷”是陆元辅《岁暮有感》中的诗句，也是他一生的形象写照。

有赖于材料的广泛搜罗和多角度的考证分析，陆元辅的生命史和内心世界第一次丰满和清晰地呈现出来。看来，学术研究，无论自诩理论多么高明，方法多么玄妙，但有一些基本规律颠扑不破，需要共同遵循，那就是追求最大程度地还原历史、弄清史实。

顺便指出，《易代》附录的“侯氏家族成员信息简表”，虽曰“信息简表”，其实信息量很大，也是著者广稽史料后化繁为简的心血之作，是研究侯氏家族必须参考的指南。

二　存史与立传：深味乱世人的心态

侯岐曾撰述这部《日记》的初衷，在该书自序中曾作交待：

> 乙酉以前，予止有出书稿，诗文、杂撰，附入其中。乙酉以后，家遭覆荡，身陷□□。其间岁时阅历，都非耳目恒遘，为宜札记，以备后人稽考。且前此世务倥偬，日不暇给，今则坐卧斗室，翻幸流光多暇，犹得与笔墨作侣也。日纪断自丙戌为始，称“丙戌”者，亦犹义熙以后，止纪甲子云耳。所闻闽浙义师齐奋，隆武恩诏初颁，而干戈阻绝，遥遥未可为据也。执笔为新天子纪年，

敬俟南都克复之后。（《日记》自序）

“义熙”为东晋安帝司马德隆年号，刘裕缢杀安帝，立恭帝，旋逼其禅位于己，国号“宋”，改元永初；陶渊明从此诗文纪年止书甲子，不用年号，表明誓不合作。侯岐曾亦仿此明志，以遗民自誓。从前他并无写日记的习惯，只是遭遇国破家亡的奇变，才将每日见闻记录下来，“以备后人稽考”，可见他借日记存史的意识非常明显。这层意思，侯岐曾在丙戌十二月七日的日记中再次提到：“予有日纪，本为身丁大乱，虽穷乡日多异闻，欲一笔之，以备它年野史采择。”

易代之际，“存史”意识可谓遗民带有普遍性的现象，最著名的如宋遗民郑思肖的诗文集《心史》，其《总后叙》云：“夫天下治，史在朝廷；天下乱，史寄匹夫。史也者，所以载治乱、辨得失、明正朔、定纲常也……史而匹夫，天下事大不幸矣。我罹大变，心疚骨寒，力未昭于事功，笔已断其忠逆。所谓诗，所谓文，实国事、世事、家事、身事、心事系焉。”明末清初的士人，从处境、情感、心态和思想上与郑思肖相比都有过之而无不及，因此他们将该书引为知音，为之题跋吟咏不绝。同时，明遗民们也以自己的诗文，抒亡国之痛，发去国之悲，昭不屈之节，寄光复之念；他们为忠义之士立传，希望其流芳后世，不朽于天地间。这其实蕴含了一种对新朝的文化对抗。侯岐曾的日记里，就特详于对南明政权及其相关人物的记载，哪怕是不能确定的讹传，他也会一一笔之于书，因此金元钰在题跋《日记》时才说：“忠孝之言，缠绵悱恻，几使后人不忍卒读。”从《日记》看，侯岐曾还拟将忠义死节之士汇编成册：

予有《死事纪略》《备考》二帙，止及本色（邑）。其它方在搜考，适元晋为予道新安事，因附识日纪中，俟异日别为一帙。（《日记》丙戌七月十一）

别人有类似行为，他也积极支持：

乃若平生至交，十九捐躯赴难，麟伤凤落，痛愤何足以云。承问，略具一纸，以俟史笔发挥。（《日记》丙戌二月廿二《答丘天民》）

通过记叙人物事迹反映历史，谓之纪传体，中国史书向以纪传体为正史，侯岐曾欲为忠节之士立传或支持他人为之立传，也是仿效中国正史传统，希望他们进入史册，彪炳千秋。但侯氏立传的标准只在忠节之士，今人对此时段人物的研究重点集中于士大夫阶层及与之相关的遗民群体，与之相比，《易代》的视野更为开阔，他有意将目光下沉到更为广泛的阶层，其前言云：

一个在日记里满负着民族情结和家庭责任的鲜活生命，在历史的洪流中却微如尘埃！日记里那些泣血的文字和强烈的感情，在宏大的历史叙事中，并未能留下任何痕迹。……因此，依据日记、私人书信、回忆录和诗文作品，来还原和描述侯岐曾家族几代人在明清易代之际的价值选择和人生遭际，并由此观察这段历史的所谓“过程”，自然就成了我后来努力的方向。（《易代》前言）

《易代》为之立传的人物中，既包括侯岐曾、陈子龙、夏完淳这样的忠义名士，也包括家族中或平凡或不平凡的妻儿老幼，甚至包括塾师和奴仆。可以说，《易代》想写的不仅是侯岐曾一人的生命史，也是嘉定侯氏一家的生命史，进而呈现一种处于传续和裂变过程的社会生命史。这种写法与林耀华的《金翼》有相似之处，亦可谓之曰“生命传记法”。不过依据作者亲身经验写成的《金翼》，用的是小说体裁，敷演空间较大，故事结构完整；《易代》追求言必有据，宁愿让读者觉得意犹未尽也不多做材料之外的发挥，用的是严谨的史家态度。如第三章“彩云散后空凭吊——闺阁膺世变”、第四章“王谢雕梁事已非——膏粱悲飘蓬”，分别考述侯门女眷的悲惨遭遇和侯门子孙的坚守挣扎，笔挟风霜，简要精审，很见功夫；但由于侯氏资料传世不多，作者又严于约束文字，每人分析有限，读之总觉有所慊。但是材料一旦相对丰富，《易代》完全可以写出生动饱满的人物生命传记来。第七章

“失侣青春首似蓬——寂寞夏淑吉”，就是全书最令人难忘的章节之一。

夏淑吉生于官宦之家，自幼接受良好的教育，才貌双全，为人艳羡；然婚后命运之惨，又使人痛惜。崇祯十年（1637），夏淑吉嫁给侯岐曾的儿子玄洵，结婚次年，玄洵即因病而逝，让已怀身孕的夏淑吉陷入了无尽的悲哀；这场短暂的婚姻，留给夏淑吉的唯一安慰，是儿子侯檠。后来心灰意冷的夏淑吉托迹空门，法号净云。然而明清鼎革后，不幸的事接踵而来，父亲夏允彝因抗清失败自尽，公公侯岐曾和弟弟夏完淳先后被杀，祖母和庶姑（岐曾之妾）投水而亡，儿子侯檠成了这位几近绝望的年轻母亲挣扎着活下去的主要精神支撑。面对着一连串的亲人的丧亡和诸多灾难，夏淑吉表现出了罕见的冷静和担当。她曾为侯氏籍产和取租之事，充任信使，前往松江找李雯帮忙。侯岐曾被杀以后，侯氏一门死丧狼藉，活着的人或出逃在外，或被缉拿在狱。又是夏淑吉挺身而出，于混乱中收拾残局。她不仅收埋了祖母龚氏和公公侯岐曾、庶姑刘氏的遗尸，又营救被逮的玄泓，并抚养其子侯荣。就是这样一位奇女子，上天却吝于给她些微照顾。顺治十年，侯檠抛下他年轻的寡母，因病离世，让阅尽人间惨剧的夏淑吉，失去了红尘中最后的系恋，她心灰意冷，从此谢绝人事，一心焚修。连续的精神打击和生活磨难，无疑给夏淑吉的健康造成了严重的伤害，侯檠谢世后的第八个年头，她也走到了生命的尽头，死时年仅四十二岁。

林耀华在《金翼》中说："人类生活螺旋式发展，诸如我们在黄家简要了解到的出生、教育、成婚、死亡等等，是一些总是会使生活脱离常规的阶段。每一个阶段引起一场危机，每场危机都激起变化，并伴随着一个把生活从偏离拉回到常规的仪式。"夏淑吉的一生，除了婚前少许的光亮，其他每一个阶段都是灰暗而令人绝望的。她的人生，是真正的悲剧，也是易代之际遗民家族及其女性的一个缩影。

当然，《易代》的"生命传记法"，并非仅止于对历史事实的爬梳考证，而是以考证为进入人物内心的前提，复以同情之理解与人物形成对话关系，呈现其内心世界的变化。《易代》前言云：

> 时至今日，每次重读这部日记，总有一种奇怪的感觉，仿佛它的作者重新恢复了生命，直接和我在对话。……我从没像读《侯岐曾日记》那样，能透过一个人的内心来理解这段历史，甚至跟着日记的主人一起经受种种煎熬。
>
> 社会的变化对世道人心的影响是巨大的，人不可能选择历史，也没有谁能完全超越自己的时代。这种影响既见诸士人阶层，也见诸底层民众。不论早年参加过直言社，深受侯岐曾思想影响的家庭教师陆元辅，还是侯氏家仆的身上，都有世易时移、人心变化的痕迹。考察这两类人，对我们理解社会上大多数人的心态变化，认识历史转折中这一看不见的过程，是有参考意义的。（《易代》前言）

这种不仅重视一个人的内心世界，而且更加重视一个时代或某一群体人心变化的研究，其实已进入心态史学的领域。明清鼎革之际，山河变色，生灵涂炭，各方势力错综，民族矛盾突显、文化矛盾剧烈，生命有朝不保夕之虞，士人内心充满莫以名状的紧张感与冲突感，实不可以常理推测。《易代》不止一次感慨："太平年代的人，永远无法体会乱世人的心情"（《易代》第80页）、"太平年代的人，真的难以理解乱世的人心"（《易代》第146页），因此《易代》在分析人物时，特别注意揭示这一激烈时代士人精神活动的复杂性。

如第一章"孤臣碧血遗民泪"，大致从隐迹避祸、籍没追租、遗民情结、家族变化四个方面，考述侯岐曾在乱后如何隐忍苟活，如何面对亲人丧亡的伤痛和官府盘剥的折磨，如何纠结于时好时坏的光复消息带来的希望与失望、欣喜与忧惧，如何痛心于局势变化对家庭亲情和社会环境造成的冲击等，将一位既因忠孝传统不能忘情于明朝光复，又负保全家族之责顾虑重重的遗民心态刻画得非常具体。

第五章"避秦无计矢报仇"，既着力突出夏完淳视死如归的刚烈一面："人生孰无死？贵得死所耳。父得为忠臣，子得为孝子。含笑归太虚，了我分内事。"又发掘其眷惜家人的柔情一面："呜呼，言至于此，肝肠寸断，执笔心酸，对纸泪滴。欲书则一字俱无，欲言则万般难吐。吾死矣，吾死矣，方寸已乱。平生为他人指画了了，今日为夫人一思究竟，便如乱丝积麻。"对乱世中夏完淳内心复杂性的揭示也颇为生动。

心态史研究，容易出现“只见树木，不见森林”的碎片化和片面化弊病，《易代》对此似有足够的警惕。他为之单独立传的四人侯岐曾、陆元辅、夏淑吉、夏完淳，虽然命运、性格和心态各有差异，但在乱世之际皆有其一定的代表性。另外四章更是群体讨论。第三章、第四章分别考述覆巢之下的侯氏女性和男性群体命运，第八章“义仆与恶仆”从侯氏家仆延伸到明清之际的奴仆关系，都有意识地将群体的命运遭遇和价值观念纳入研究视野，以增强问题的整体感。第二章“谁不誓捐躯，杀身良不易——士人的生死选择”写得尤为出色。

该章从标题中夏完淳的两句诗“谁不誓捐躯，杀身良不易”说起，认为这种面临生死抉择时的内心彷徨，其实是一代士人的精神写照。当国家覆亡的消息传来时，那些地位越高的人心理上的压力越大，最初的冲动可能使他们想到过死，有诗坛“江左三大家”之称的钱谦益、吴伟业和龚鼎孳，皆想到过自尽，但最后都降了清；而拒不降清的夏允彝、夏完淳、黄淳耀、陈子龙、侯峒曾、侯岐曾等人，其实最初并未想死，特别是陈子龙，他死得很不甘心。不过，他们虽然对生命留恋，但在势穷力竭、屠刃加颈之时，均能舍生取义，慷慨面对，不愧为英雄。而像李雯、宋徵舆等在新政权统治下出仕的贰臣，想起尽节者或面对隐居者时，内心总有挥之不去的尴尬和愧疚，他们不自觉地又跌入了一种道德的困境中。即使隐居不仕之人，面对有些死者，也会有精神包袱。

如嘉定的王泰际与黄淳耀为同榜进士，嘉定城破前，王泰际急走南门，逃脱苟活，没有和黄淳耀共同殉难；入清以后，他虽然坚持隐居不出，以遗民终老，但“畏死”的形象，始终让他不能自安。该章细腻分析了易代之际士人不同的生死观和出处选择，对此没有一味歌赞或是谴责，而是从“同情之理解”的角度，认为：“生命对每个人来说都只有一次，取舍之际，各人的考虑永远是不同的。”（《易代》第 80 页）既看到一个时代众生的某种共相，又注意到个体在人生重要节点上各不相同的心灵挣扎和生存选择，可谓把握到了心态史研究的精髓。

一般认为，兴起于 20 世纪的心态史是历史学与心理学相融合的产物，近年来心态史除关注日记、志书、笔记、家谱、档案外，对集部文献越来越重视。而在文学研究领域，对具有人物生命史、心灵史意义的别集做文本细读与分析，向来是文学的入门训练之一；以带有感性力量的文字，呈现诸相真实和心灵奥秘，也本应是文学的看家本领。从这个意义看，心态史又可说是历史学、心理学和文学三者相融合的产物。《易代》充分发挥了其作者是文学博士出身的优长，语言洗练准确又深情隽永，带有很强的感染力。如评夏氏姐弟的这两段文字：

> 十七岁的少年，为大义所激，不畏艰险，视死如归，千古所难。但在走向死亡的道路上，回首云中的故乡，对亲人的无限挂念，又不能不令他内心纠结。对于一个

尚未成立的少年来说，这样的命运实在是过于残酷！这最后的哀鸣，刺穿历史的长空，足令听者动容。（《易代》第 143 页，评夏完淳）

虽云佛法广大，无奈苦海无边；都说人生苦短，有时度日如年。夏淑吉用短暂的一生，承受了太多的苦难。这既是个人的不幸，更是时代的悲哀。历史的舞台虽然已经变换了背景，但生命的光华却永不褪色，我们应该记住她曾经青春曼妙、光彩照人，曾经德才兼备、勇而有谋，也曾经守节抚孤、志坚情柔。(《易代》第 179—180 页，评夏淑吉)

像这样简洁深刻而又饱含情感力度、带有感性之痛的文字，观此谁能不动容呢？可以说，《易代》之所以能肉骨还魂、传神共情地为人物立传，是与其深厚的文字表达功夫分不开的。

三　身体与情感：拓展日记研究空间

“怅望千秋一洒泪，萧条异代不同时”（杜甫《咏怀古迹五首》其二），凭着坚实的史料考证、真切的生命传记和精微的心态分析，《易代》作者仿佛和侯岐曾相会于三四百年前的历史时空，《日记》中的人物仿佛也一一复活。总体而言，《易代》为《日记》中人物立传的目的无疑是成功的，但是，抛去一些难免的笔误和校对疏漏不论，《易代》也仍有美中不足之处。

《易代》的作者颇具侠气，他有感于“平凡的生命在多数人笔下都被压缩成了数字，更多的时候甚至都进不了统计数字中”(《易代》第2页)，因此除了要为那些于史有征的人物树碑立传，也要为那些容易被人遗忘被人忽略的小人物鸣不平，为他们幽渺的生命和尊严发出呐喊，也许他们才真正代表着你我，代表着社会的大多数。据我所知，这本书最初拟名《易代：大变局中的小人物》，正反映出作者这一可贵的思想。但是，受限于材料，恰恰是最能体现其理念的第八章“义仆与恶仆”写得最为薄弱。

《易代》前七章均以诗句或诗化语言作为正标题，再以副标题点出立传对象，唯独第八章缺少副标题，直接以立传对象“义仆与恶仆”为正题，形式上与前七章已觉不谐；内容上，义仆部分写得相对具体，侯驯的忠义形象还算感人；但对另一位在《日记》中出现五十多次的忠义老仆管科只是一笔带过，未免遗憾；朱国俊也是《日记》中经常出现的侯氏心腹之仆，如“要说我真病真危，即日呜呼哀哉。此语务使官府闻之，吃紧！吃紧！”（《日记》丙戌正月十七《报朱国俊》）“国俊谓吾家出入，须防耳目，苦劝且止，不得不止，似亦有数焉”（《日记》丙戌三月十七），他与主人的关系似乎值得一提。《日记》中还有侯岐曾自论义仆之语：“弦斋陷□，其仆王乾、李应万里赴难。又治书苍头钱尔彦，患难中未尝须臾离，何武陵之多义仆耶！”(《日记》丙戌七月十八）如能引入论述，无疑效果更佳。侯氏恶仆仅举出潘恭一人，事又不详，以他族恶仆来补充，亦未能对前人所写有所突破。这当然主要是因为仆人资料太少，“巧妇难为无米之炊”所致。但相比他章，该章挖掘不深，有简单化和概念化之嫌也是事实。

《日记》毕竟为一己之史，呈现的是某一文体某一时间段的限知视角，欲得事物之全貌，就需要有广泛的比较研究。这种比较，既包括与本人其他文体的比较；更包括与之相关的他人著述。同一件事情，《日记》如何表达，其他文体如何表达，不同人不同时段又如何表达？中间有哪些变化？为什么会有这些变化？都是值得讨论的问题。《易代》也很重视对史料的广泛搜辑和比较方法的运用。如对夏完淳事迹的考述，就以《日记》与夏氏文集以及官方文件等互相比较，弄清了通海案的一些细节，也使人对夏完淳那篇情文并茂的名文《与李舒章求宽侯氏书》出笼的背景和经过有了全面的了解。再如清兵下江南以后，为了筹集军费和粮饷，曾向江南士绅摊卖人参，但又百般掩饰，甚至美化清廷下诏禁止摊派。《易代》则对比《日记》的相关记载：“褚元携人参一缄来，乃青溪新令称奉旨求鬻于绅氓。吾家分得半斤，应输值十五金有零。”（《日记》丙戌八月一日）“城信来，亦言鬻参事，吾家父子几派四斤。今图领一免三，又有数金杂费，而三十二金正价，不待言矣。”（《日记》丙戌八月二日）从当事人的角度揭穿了洪承畴所谓皇上“爱恤民生”，不准“摊派科敛”的谎言。然而百密一疏，《易代》也有遗珠之憾。

如第六章写陆元辅，所用材料极为丰富，也使用了张云章的《菊隐陆先生墓志铭》，但是却遗漏了侯开国的《征君陆菊隐先生行状》。一般来说，行状写于墓志之前，其功能是为撰写墓志或史传提供事实依据，因此行状所记要比墓志详细。如能将《行状》与《墓志》对比使用，往往会有意想不到的发现。如对陆元辅试博学宏词科的记载：

戊午春博学鸿儒，汉阳吴公正治首以先生名入奏。时先生归方一年，力请当事代辞者再，皆不获，始束装就道，而部牒逾期矣。既至，仍馆孙氏（按指孙承泽），未尝事干谒，日检其家经史诸秘本，亲自缮录，或经月不出。其明年春，御试体仁阁，先生于诗赋中辄多讽谏语，主者得卷不敢荐；因奏荐举诸士年七十而未与选者，得授中书正字等衔以宠之，盖为先生辈发也。时先生年六十有三，具以实对，曰："某三十年老秀才，无意进取久矣，若复引年饰词以博虚秩，是欺君也。"都人咸高其节。（《行状》）

康熙十七年，诏举博学鸿儒，前大学士吴公正治首以先生名荐，州县敦迫至京。先生念异时师友，尝抱隐痛，又既弃诸生，不欲违初心。召试诡不入格，又多规切语，主者得之不敢献。然先生辈三四人，诸公雅重其名，因奏未与选者，年近七十以上，加中书正字等衔以宠之。

时先生年六十有三，具以实对，遂罢去。（《墓志》）

《墓志》所记较简，删去了《行状》中陆氏自语：“某三十年老秀才，无意进取久矣，若复引年饰词以博虚秩，是欺君也。”但增入“先生念异时师友，尝抱隐痛，又既弃诸生，不欲违初心”“诡不入格”等语，突出了陆氏抗节的遗民形象；其实《行状》中的陆元辅，虽不以功名为念，但也没有刻意对抗的姿态，甚至连故意考不上的痕迹都不明显，这也许更接近真实生活中的陆元辅。《行状》与《墓志》还都记有陆元辅对个人著述的极端重视：

易箦前三日，开国自虞山归候先生于榻前，目眵不能视，因附耳高声者再。乃执开国手，亦高声呼余字者三，曰：“汝归甚好，我著述中有第三支未详，汝精考索，为我急检补入。”开国因问何书，则杂以他语，卒不知其所以，伤哉。（《行状》）

先生殆病矣，犹矻矻事编纂不少休，语云章曰：“余于书，有所未卒业者若干种，与志所欲为稍稍帙聚而未编次者。今老矣，子能为我续成之乎？”云章唯唯，缩踖而退。（《墓志》）

不论是病危之时还是临终之际，陆元辅首先想到的仍是著述之事。侯开国系陆元辅最亲近的弟子，张云章与陆元辅则属互相钦佩的文友，通过不同人物的亲自经历，进一步证实陆元辅是以著述为安身立命和价值追求的。陆元辅著述的目录，《墓志》和《行状》也有记载，但《墓志》只作胪列："所著有《十三经注疏类抄》若干卷，《续经籍考》若干卷，《明季争光录》若干卷（按《行状》作《明史褒争光录》若干卷），《菊隐纪闻》若干卷，《文集》若干卷。尝欲辑本邑文献，未有成书。又《经籍考》虽经编次而欲重加论列，以续马端临之后，此先生未竟之志也。"而《行状》不仅比《墓志》多出"《十三经辨疑》若干卷、《考异》若干卷"，且每种均加解说，无疑具有不能忽视的价值。

古人日记，对于身体的敏感和关注是一大特点，这正是身体史研究的范畴。几乎每部稍具规模的日记原稿里（强调原稿，是因为我们今天看到的日记有些曾经作者或后人删节改编），都有不少关于自己或他人疾病伤痛的记载。这可能和《孝经》"身体发肤，受之父母，不敢毁伤"的影响有关，更可能出于对生命本能的爱护和重视。古代医疗条件有限，疾病容易威胁到生命，故甚受人重视，况且医治多凭经验，不仅需要医者细心体察病症，亦需患者或家属详述其症。侯岐曾的日记，也有很多关于疾病的记载，最常见的病是疟疾，江南本就是疟疾的高发地带，侯岐曾家族多人包括他自己都曾染此病。特别是侯岐曾，因穷于应付籍没和追租，身心疲惫，顺治三年九月患上了疟疾，从此寒热交替，深受折磨，直至次年五月初八《日记》仍载"寒发稍轻"，未能痊愈；中间又时而便秘，时而暴泄，痒疾频发，实是痛苦不堪：

方幸疟期已移阳分，且从轻发落矣。忽而寒从足起，忽而热满周身，昏沉竟日，尚无滴汗。灯下勉起，忽发大吐，更余又发大吐，竟夕雨汗三四番，皆前此未有。（《日记》丙戌九月十一日）

予六七日大便不行，几欲废食，仍勉进糜。午余发热为常，宜羸瘦益甚，血肉至去其七分矣。所能自保者，神气耳。夜来发热颇厉，得微汗，渐解。尤苦痒甚，则热倍难除。（《日记》丙戌十二月廿四）

以至侯岐曾感叹："每当热发，昏沉彻昼夜，几入鬼录。"（《日记》丙戌九月廿五）侯氏之所以疟疾久而不愈，进而导致其他生理功能紊乱，也许正是内外交困，压力过大所致。《日记》对此也有透露："疟者，虐也，三日疟乃不意身尝之。祸患生平未经，则疾疢亦应生平所未经也。予致病有四大端：有不尽哭之哀，有不敢声之怒，有微而渐著之劳，有宿而愈壮之火。"（《日记》丙戌九月十一）将心态史与身体史结合起来，我们对侯岐曾的理解会更加深刻。

《易代》对疾病问题也有关注，只是力度不够，仅在第七章描述了夏淑吉之夫侯玄洵的病情，指出他于崇祯十一年（1638）死于心脏病，但对病状的分析未免笼统。文中引《月蝉笔露》记玄洵"中鬲（膈）痛急，不能俯仰"，似为心绞痛发作症状；但文中又引侯峒曾《侄洵病中记序》"其病从先天来，火伏焦腑间，长而发愤沉挚，百虑攻中，郁积致然。……家人见之，谓发狂疾”，《月蝉笔露》亦有玄洵胸痛时作诗“每竟一幅，高跳狂叫……戊寅端坐而逝”的记载，则心绞痛发作时恰恰会迫使病人停止活动，不想说话，更不可能“高跳狂叫”。综合分析，玄洵实应为先天性心脏病或心肌病，成年后百虑攻中，心神受扰，并发精神病，最后很可能死于心肌梗死，心脏骤停，端坐而亡。玄洵的死亡，也意味着夏淑吉人生悲剧的开始。

身体史是20世纪80年代以来兴起的显学之一，其研究范围当然不仅是疾病伤痛及与之相关的医疗史、药物史等，还包括研究身体与政治、社会、文化的关系等，乃至衍生出身体政治学、身体社会学、身体文化学、身体叙事学、身体美学等分支学科；比如前述侯岐曾让仆人朱国俊向官府报告他“真病真危，即日呜呼哀哉”，就是以身体疾病对抗政治压迫的一种手段，其实“托病”无论古今皆是人们常用的一种策略。可见身体史这一角度，在日记研究中可以大有作为。

与身体史相似，情感史在日记研究中也有很大的开拓空间。情感史虽在20世纪80年代后获得迅速发展，但它成为史学界共识的标志，是在2015年8月在中国山东省济南市召开的第22届国际历史科学大会，当时“历史化的情感”成为会议四大议题之一。情感是社会交流的基本方式，其中蕴含着人与人之间的关系，有时候甚至能够创造或改变历史，比如“冲冠一怒为红颜”。情感史与心态史联系密切，某种意义上可以说，前者是从后者分化或细化出来的，因为广义的“心态”包括信仰、情感、习俗等所有主观方面。但心态史重在考察人在日常生活中所呈现出的精神状态和行为状态，没有将情感专门独立出来研究，很大程度上仍是将喜怒哀乐等情感视为是人类以生理为基础而产生的具有普遍性的特征 。情感史则不单重视个人的情感体验，而且更加重视是情感表达（不一定是内心真实情感体验）背后的历史意义，“通过研究情感体验与情感表达之间的张力来解读社会的权力关系、组织结构与文化特征”，“一个人的一言一行都包含着情感因素，个人或团体是否表达他们的情感，如何表达情感，为什么表达以及何时、何地、向谁表达情感，甚至故意表达与真实的内心情感体验相反的情感等，这些都是情感史家所关注的问题”。日记属于私密性质的个人成长记录，其中自然蕴藏着丰富的情感体验和情感表达，颇宜从情感史角度切入研究。《易代》未能专力于此，本文也篇幅所限，仅举侯岐曾日记中的两例说明其价值：

> 予八十一岁之乳母适至，病惫极矣，检赠一衣而去。予因念坡老在黄州，丧七十二岁之乳母，屡形简牍，重感人命脆弱，至于悼念久之。今吾与乳母明知向后勿复相见矣，而意思都觉淡然，此非情有厚薄也。坡老虽在迁谪，而居然太平；予虽栖故乡，而洊经离丧。所见不同，自有如此，因复咏坡诗云：“存亡见惯还闲事。”此语未便造太上，正自一往有深情耳。（《日记》丙戌五月廿五）

自己行将就木的乳母来求帮衬，侯岐曾却因家中内外事交困，只赠一衣了事，可想老乳母肯定是失望而去。侯岐曾在《日记》中表达的情感好像是勘破生死存亡，因此一切淡然处之；但他内心情感体验真实如此吗？乳母因对被哺乳人有养育之恩，地位较为特殊，非一般雇工可比，中国传统文化和情感准则也要求善待乳母，侯岐曾引苏轼对乳母的态度与自己对比，并反复辩说，认为太上忘情其实“一往有深情”，正反映出其内心是为之不安的。

> 赇事，吾对诸仆但云必须商决龙江，而诸仆裂眼相向，吾不禁发怒，急提贷物掷付管科去，此昨午事也。（《日记》丙戌正月廿九《寄侄》）

侯岐曾兄弟此时尚未分家，日常收支合计一处，嘉定之难后峒曾仅存子玄瀞，奉母住于龙江故宅；侯岐曾为免籍没之危，不断向官府行贿，所需费用皆要从家族总账支出。从礼法制度和情感准则讲，家族中凡有重要的事情和花费，都宜与玄瀞母子商量而定；未料侯岐曾的仆人们对此却不以为然，甚至横目相对。仆人势利，对孤儿寡母不免轻视，但没想到会有将主人置于独断专行、滥用财产等不义之地的危险，故侯岐曾才会大发脾气。从《日记》后来的记载看，外界确实渐渐流传出对侯岐曾的非议，似与家族财产有关，逼得侯岐曾只好分家，心理受到很大打击和伤害。诸仆敢于对主人“裂眼相向”，既说明侯岐曾御下宽仁，也说明他诸事过于依赖仆从，才造成其骄横之气，这也是明清之际主奴关系的普遍现象。从主仆两方面的不同情感表达，我们确能窥见其背后的社会形态和文化特点。

由于侧重点不同，作者对某些方面重描彩绘，就可能造成对其他方面关注不够，这几乎是所有写作者难以避免的问题，因此《易代》对于身体史和情感史较少着墨，说来并不算什么缺陷。但越是对于好的作品，人们越想吹毛求疵，求全责备，有时读之不能尽兴，恨不得挥笔添补。只是原作如此结构和取材，自有其用意所在，真要添补，或成蛇足。不过，能够使作品具有相对开放性和召唤性的空间，吸引读者参与进来，愿意为之感动为之忧喜，为之想象，为之再创造，这可能也是一部优秀著作的魅力吧。

（原载《励耘学刊（文学卷）》2020 年第 2 期）

高明之思与情境之实

——读《况周颐与晚清民国词学》

金圣叹在评点《水浒传》时有一段名言："吾观今之文章之家，每云我有避之一诀，固也。然而吾知其必非才子之文也。夫才子之文，则岂惟不避而已，又必于本不相犯之处，特特故自犯之，而后从而避之。……犯之而后避之，故避有所避也。若不能犯之，而但欲避之，然则避何所避乎哉！是故行文非能避之难，实能犯之难也。"此语本来是评论文学创作不能一味求异，同中见异才更见高明。以之评论学术研究，也颇为贴切。学术研究当然要重视选题的新颖，但经常是好不容易有了一些想法，检索学术史，却发现他人已着先鞭，这样的经历，研究者尤其是高校研究生应有切肤之痛。特别是随着网络技术的发展，各种原来稀见难见的资料能够实现某种程度的网上共享，避免选题"撞车"更加不易。未来的学术研究，恐怕拼的不仅是选题的新颖，更重要的是要拼研究的深度、广度与高度。真正高明者其实无惧选题相似，以更高的眼界和更敏锐的洞察力，将相似的选题做得更深入、更有境界，大力推进学术史，遂能避雷同而推陈出新，此即类于金圣叹所言“犯之而后避之”。

彭玉平教授的治学，固多新创领域，但尤擅“犯之而后避之”。他的《况周颐与晚清民国词学》（中华书局 2021 年），研究的对象是词学热点人物况周颐，却能对况周颐的词学本体理论、修择观及批点实践、创作业绩、文献考量、生态考察及其影响之下的词学因缘，均做深入的文献考索和理论阐发，使全书十四章，章章不乏创见，殊为难得，其对学术史的深度开掘值得充分重视。比如作者发现况周颐的“重拙大”之论，以厚穆为之本，追求“万不得已”之词心及“烟水迷离”之词境，其间有着独特的结构谱系，与王鹏运此论原本推尊的“南渡诸贤”的关系实有矛盾之处。况周颐在表面彰扬“重拙大”的同时，却暗中对从印学、书学、画学等移植过来的“松秀”说，赋予了自然清疏等新的词学内涵，此虽为其词学暗流，却悄然接续着词体的本色观念。况周颐的“诗余”论，认为词之情文节奏皆有不同于诗的独立文体价值，并非由诗降格以成，是一种崇尚词体而反对传统“诗余”解说的“赢余”论，有力拓展了传统“诗余”说的理论内涵。王国维词学与况周颐词学，以前多将之视为对立面，但仔细对比，发现他们在“清疏沉着”这一关于词之基本特性上有着合流迹象。况周颐曾为刘承幹代撰《历代词人考略》，此由今存刘承干日记以及上海图书馆所藏刘承干与况周颐、朱祖谋等人往返信件可得证实，此书不仅更能代表况周颐真实的词学主张，而且书中梳理的词人源流、生平小传、词风评价，实际上构成了现代词史和词学史的雏形。如此等等，可谓新见迭出，触处生春。况周颐研究看似难以置喙，彭著却犯而能避，将况氏研究及晚清民国词学研究都向前推进了一大步。

彭著是如何做到“犯之而后避之”的？窃以为“高明之思”和“情境之实”是颇具方法论意义的关键两点。

所谓“高明之思”，指思想要具有理论高度，思考问题能站在全局或通观的立场，这样在面对同样命题时不致矮人观场，人云亦云，而能透射思想的锐利和眼光的独到，自成一家之说。比如前人探究况周颐词学理论，多围绕“重拙大”“词心”“词境”花费工夫，很少注意到《蕙风词话》《历代词人考略》中包含着其他诸多新颖的词学观念，彭著则别具只眼，拈出“松秀”说、“哀感顽艳”说、“潜气内转”说、修择观等，极大丰富了况周颐的词学思想和词学格局。如“松秀”说，上引宋人葛立方《韵语阳秋》“欲造平淡，当自组丽中来。落其华芬，然后可造平淡之境”之语，复辨其与厚、宽、自然、疏俊、风度等之间的关系，最后总结松秀“以自然为底蕴，侧重笔法张弛有度，强调传达清劲之气，主要体现在字面音节和结构脉络中”。这既是况氏词学研究的一大创获，也为中国词学增添了一个新的范畴和术语，意义非凡。其实即使“重拙大”“词心”“词境”等看似耳熟能详的术语，学界也多扪盘扣烛，雾中观花，彭著则能从况周颐词学整体来思考，在词史源流中确立其位置。如他指出晚清与宋末相似的“末世”情怀与审美特点是“重拙大”说提出的现实背景，故况周颐以梦窗词为契入点的“重拙大”说，乃遥接周济由梦窗而臻清真浑化之论，近契晚清风行南北的梦窗词风，但与况氏整体的词学谱系与晚清民国词学时显悖离，彰显出晚清民国词学的一条重要源流和主流谱系，因此对况周颐“重拙大”说的梳理，就兼备了词学史意义。彭著还善于将况氏在不同语境下看似散漫游离的概念术语，尽量纳诸现代学术体系中去考察其理论来源和发展变迁，并结合实际创作界定其内涵与理论指向，从而建构出况氏的词学理论体系：“况周颐以别解‘诗余’为尊体基础，建构了以哀感顽艳为情感底蕴，以潜气内转为重要作法，以松秀清疏为词体本色，以重拙大为门面高悬之帜这样一种理论格局。”这种论断无疑具有现代学术史的理论高度，因此也更具说服力。

当然，再高明的理论，如果只是从理论到理论，停留在较虚的抽象辨证的层面，其意义也是有限的。如何有效避免空中楼阁，陷入“彼亦一是非，此亦一是非”的窘境，则非筑之于“情境之实”不可。所谓“情境之实”，不仅指文献的征实，而且指文献语境与生命情感的真实还原。一方面要对原著、原文或某一具体观点有忠实而深度的了解，一方面要对研究对象有“了解之同情”，体会其矛盾之处和言外之意，如此才不致扭曲或遮蔽前人。

仍以况氏最著名的“重拙大”为例，彭著注意从文献和学缘两方面清理其发展流变，细析况周颐之语境与“重拙大”之本义，指出重、拙、大三者虽各有侧重各具内涵，但彼此渗透互有关联；其酝酿于周济等人，端木埰初显成说端倪，王鹏运集为一说，而至况周颐始在形式上将其确立为自身词学的核心地位。在况氏的实名著作中，从明面上看，确实给人偏重南宋词的印象；但是在况氏具体的词学批评实践和托名之作中，却展现出另一幅更接近本心的不同面貌。况氏作为“重拙大”底蕴与外象的常用批评术语“厚”与“穆”，即均非限于南宋的范围，而是包括了五代两宋甚至元代等相当广的范围；特别是在托名刘承幹的《历代词人考略》中，不仅将“重拙大”并称之说删之殆尽，而且另立以“清疏”为本体特征的“北宋风格”，况周颐的理论门面语与批评实际之间有着相当远的距离。彭著结合况氏的个性指出：

> 况周颐天赋词心，正在清艳疏朗一路，而这种词风落脚点其实也在五代北宋，只是因为在青年时受到前辈若端木埰、王鹏运等的谆谆告诫，才不得不在痛苦思考五六年后转变词风，这同样使得他在撰述词话时，也处于前辈教导与内心信奉的矛盾之中。他敬重端木埰、王鹏运等人，但无法从观念上全力追随，所以只能在诸种实名词话中将“重拙大”等说悬为标杆，但在二十余年不断出新的词话中，其实也一直无心对“重拙大”说有更多发明，只是基本上作为一种标签存在而已。而在托名的《考略》等著作中，则再无心理顾忌，直归本心。

这种分析综合运用文献学、文艺批评学、性格学、心理学等多学科知识，化静态的文献考索为动态的生命体贴，使人得以辨明主流门面话语与况周颐自身词学之间的差距及其错位，更好地从整体格局上了解晚清民国词学的主流与潜流、贡献与局限、体系与矛盾等，阅之但觉情境俱实，实有起况氏于九原之感。

值得注意的是，追求高明之思与情境之实，似乎是彭玉平教授一以贯之的治学特点。他稍前的一部力著《王国维词学与学缘研究》（中华书局2015年），研究的对象是更为热门的人物王国维，同样不仅有文献上的追根穷底和情境还原，更有理论上的高屋建瓴和深入研判。如他细心比勘王国维《人间词话》有手稿本、《国粹学报》本、《盛京时报》本的不同，复经缜密的学理思辩，得出王国维的词学主要源头是中国古典诗学，西学只是以话语的方式点缀其中、佐证其说而已，迥异于前人视《人间词话》为中西美学思想结合的产物的习说，极富创见和洞察力。该书后被列入国家哲学社会科学成果文库，并荣获教育部人文社会科学优秀成果奖一等奖，确系实至名归。而今，这部《况周颐与晚清民国词学》亦被列入国家哲学社会科学成果文库，其内容上的开拓性、创新性以及方法上的示范性，相信会随着时间日益彰明。

（原载《光明日报》2021年9月9日，发表时有删节，今恢复原貌）

古籍整理的“一仆三主”
——评董岑仕点校《王安石诗笺注》

杨绛先生认为翻译是件苦差事，并将之比拟为“一仆二主”：“译者同时得伺候两个主子。一个洋主子是原文作品。原文的一句句、一字字都要求依顺，不容违拗，也不得敷衍了事。另一主子是译本的本国读者。他们要求看到原作的本来面貌，却又得依顺他们的语文习惯。”（《孝顺的厨子——〈堂吉诃德〉台湾版译者前言》）古籍整理也有类似现象，而且整理者需要伺候的主人可能更多：一是对所选择的底本负责，即使校改，亦要使人知其原貌；二是对底本的原作者负责，要能改正底本因传刻产生的错讹，使之尽量符合原作者的意思；三是对读者负责，尽量准确录入、点校和笺释，校释要为读者着想，便于其阅读理解，因此可谓“一仆三主”。

董岑仕点校的南宋李壁注《王荆文公诗》（中华书局 2021 年 12 月版，依书局丛书例改名《王安石诗笺注》，简称“董校本”），堪称王安石文献整理的重要新成果，相信会让主人们都颔首满意。

一 朝鲜本面貌及其变形矫正

李壁注王安石诗，与施元之、顾禧、施宿注苏轼诗，任渊、史容、史季温注黄庭坚诗，向被视为“宋人注宋诗”的经典诗注。其中李壁注的宋本，仅存抚州修补版残本十七卷（简称“残宋本”）；元代虽有五十卷本，但皆经刘辰翁删节原注；唯有日本蓬左文库收藏的一部朝鲜甲寅字活字本（简称“朝鲜本”），将宋刻本李壁注全文与祖出元代毋逢辰本中的刘辰翁评语合为一本，保留了比通行本多达一倍的注释，乃是目前所知李注《王荆文公诗》的最全版本。但是，朝鲜本摆印不精，讹误颇夥，又不如残宋本的刊刻可信。怎么选择底本，是首先要考虑的问题。

思路之一是优先使用十七卷残宋本（存卷一至三，十五至十八，二十三至二十九，四十五至四十七），残缺部分再用朝鲜本补足，刘辰翁的评语则用刻印最早的元代王常本，这样就形成一种百衲本。好处是最大限度地使用了最早的版本做底本，但缺点是残宋本固因其残无由知宋本全貌；朝鲜本因只使用了三十三卷，其全貌亦无由呈现。

思路之二是以保存李注最完整的朝鲜本为底本，其错讹、乙文、空字等“变形”之处，则依赖残宋本及其他相关文献予以矫正。这样做的好处是可使底本主于一本，完整呈现朝鲜本的全貌，并可通过参校等方式尝试恢复宋本原貌；但缺点是难度较大，必须细心认真，广泛使用参校本，才能发现朝鲜本的大量鲁莽灭裂并纠正之。

董校本迎难而上，选择的是第二种思路。她以上海古籍出版社影印日本蓬左文库藏朝鲜甲寅字活字本为底本，并觅得高丽大学藏朝鲜甲寅字本配补其中的缺叶。整理时，参校以李壁注的残宋本、王常本、毋逢辰本、清绮斋本。王安石的诗作，又另以龙舒本与浙本系统的王珏刻递修本、应云鸑本、何迁本比勘，同时参校吴说编《古今绝句》、吕祖谦编《宋文鉴》等相关史料。而每种参校本中，情况又颇复杂，如王珏刻递修本，主要用中国国家图书馆（简称“国图”）藏印次较早之明印本，缺叶等参以国图藏稍晚印本。国图藏黄廷鉴校本虽刷印更晚而多有缺叶、墨笔误描等，然其上所载黄廷鉴朱笔校语揭示了王珏刻递修本早印本的面貌，故亦录文以觇王珏本在辗转修补中的异文流变及其对应云鸑本、何迁本等版本之影响。王珏本总目部分，另校以上海图书馆藏元印本。从董校本的前言、凡例、附录可知，她几乎经眼了海内外存世的王安石文集以及李壁注的所有版本，并择取其中重要的版本作为参校本，在校是非的过程中，又广泛查阅各种史料，因此能将底本中大量或显或隐的错讹予以矫正，最大限度地贴近王安石、李壁、刘辰翁等人的文字原貌。兹举数例：

校王诗：卷五《酬王浚贤良松泉二首·泉》朝鲜本作“取遥比甘见近美，与旧争洌知新寒”，董校本据龙舒本、王珏本、王常本、毋逢辰本、应云鹭本、何迁本、清绮斋本，将“见”字改正为“觉”字。卷四十六《破家》朝鲜本作“埋没残草碑自春，旋风时出地中尘”，董校本据残宋本、龙舒本卷七十六、王珏本、王常本、毋逢辰本、应云鹭本、何迁本、清绮斋本及《古今绝句》，发现“草碑”实为“碑草”之乙（此首为仄起入韵的七绝，据格律规则亦知当为“碑草”）。

校李注：卷九《和微之登高斋》朝鲜本有“唐濠州团练使郭解未”“五年归冯延鲁、楚文史、边镐、用廷构于唐，唐主以文镇济淮败军之俘”，多有不通之处。董校本据《资治通鉴》卷二九三《后周纪四》，发现“郭解未”实为“郭廷谓”，“楚文史”实为“许文稹”，“用廷构”实为“周廷构”，“以文镇济淮”实为“以文稹等皆”，纠正了一连串人名和用字之讹，使文义豁然。卷十《思王逢原》朝鲜本有“昔有磨去磨冰浆水今见碓捣冬凌”，不知所云。董校本则据魏泰《东轩笔录》校改为：“昔有磨去，磨平浆水，今见碓，捣冬凌。”“冰”当作“平”，且“去”“平”皆为注“磨”字声调，改作小字始通。

校刘评：朝鲜本中刘辰翁评多有讹误，乃至位置错乙，脱漏亦复不少。董校本取元王常本、元毋逢辰本，首次对刘评予以通校，补正了朝鲜本中大量讹误脱漏。如卷七《虎图》朝鲜本“自然知是画虎”后脱“凡赋亦欲有讥，妙入想象，语见事外，何必为何人作，皆是浅论”二十四字，董校据王常本、毋逢辰本补足。

经过董校本的广征诸本、细致比勘，朝鲜本整容前和整容后的面貌俱得清晰呈现，起王、李、刘三公于九原，亦当欣然笑语“小子有造”也。

二　读者的良仆

校异同与校是非是校对的两种基本功能，前者又称“死校”和“机械校”，后者则是在前者基础上更为复杂的功能。如果仅崇尚“死校”，不如直接在影印本上标点，但是整理的目的需要面向读者，告诉读者哪些文字有问题，哪些文字可以放心使用，避免无谓的废校给读者造成负担，这就要求点校者不断提高自己的学识水平，付出更为艰辛的努力。因此段玉裁《与诸同志书论校书之难》说：“校书之难，非照本改字不讹不漏之难也，定其是非之难。”

董校本最主要的成绩之一，便体现在前举诸例的“校是非”上。此类例子实不胜枚举，其中有的是非容易判断，如朝鲜本卷四十七《铁幢浦》“如今舟是西归客，回首山川觉有情”，“舟”字难解，董校本据残宋本、龙舒本卷七十一、王珏本、王常本、毋逢辰本、应云鸑本、何迁本、清绮斋本及《古今绝句》，将“舟”改正为“身”。这种属于形讹的“校是非”，尚不算困难。

有的则要对各种版本状况了然于心，始能发现并校改讹误。如董校本发现朝鲜本往往“因底本抚州本的裂版，漫漶不清，摆字时形近讹误亦夥”（附录三《王安石诗李壁注版本源流考》），根据这一规律，果然捉到了很多潜藏的“虫子”。卷三《再用前韵寄蔡天启》李注残宋本在“又别有四望山者，云是穆王所登。据《穆天子传》，但云登山……土人谓坛山为马蹬山，以其‘巳’字形类也。庆历中，宋尚书在镇阳……遽命工凿山取其字”处多有漫漶痕迹，朝鲜本遂误“据”为“仙”，误“马”为“要”，误“以”为“观”，误“类”为“怪”，误“阳”为“遂”，误“遽”为“遂”，误“凿”为“坛”，董校本均据残宋本、欧阳修《集古录》改正。卷九补注《平淮西题名》，发现有不少因补注时挤版造成的窜行乙文；卷三十五《金陵怀古》四首其一，据宋抚州本半叶七行，行十五字格式，推排行款，发现朝鲜本大段的邻行乙文；卷三十九的庚寅增注，发现朝鲜本所依宋本有错叶，误错入卷十四、卷四十二之末，董校本皆予恢复。特别是卷四十五的《诋仙赋》，因宋版漫漶，导致朝鲜本出现大面积讹误。如此等等，若不明白其中版本脉络，往往会视讹误为异文，校而不改，遂使文义诡异难解。

李壁注虽用功精深，但除传刻形成的文字讹误外，也有原注即误者。如卷十五《蒙亭》，李注引《梁史》为证，认为“萧深藻”当为“萧藻”。董校本则据相关史料指出“萧深藻”当作“萧渊藻”：“唐修南北朝诸史，避李渊讳，或改字作‘深’，或空字而为单名，致有歧说。李壁考《北史》及《梁书》异名，而疑萧深（渊）藻当为单名，实误。”这些原作者自身的疏失，董校本也力所能及地揭出，属于读者额外的福利。

董校本对读者的友好，还体现在其细腻的校勘原则和丰富的附录中。董校本不但版本搜罗齐备，而且凡例详明，仅李壁注校勘原则即有十五条，尽量使有用的信息萃集其中，又井然有序，避免读者再去翻书查找之苦。如龙舒本编次与《临川先生文集》《李壁注》差别较大，但之前的点校本未列示龙舒本的卷帙，亦未说明龙舒本有无此诗。董校本则凡龙舒本不载的诗，皆出校记，凡出校，皆说明龙舒本在卷几，重出诗则标明各卷异文，读者使用更加便利。附录方面，存世的重要的李壁注的序跋、题记、版本著录等，董校本皆予囊括，特别是清绮斋后印本的序跋等，之前罕见披露。附录亦有简单的校勘记，对其中的误字、误说予以勾稽考辨。

即使在细节处理上，董校本亦颇贴心。如有些刘评在朝鲜本中与李壁注误混，董校本不仅重为厘清，还将所有刘辰翁评，皆以楷体排出，使注、评的层次在版式上即见分明。附录《王安石诗李壁注版本源流考》一文详实可信，但因版本复杂，仅看文字难免迷失其中，董校本在文末特别标画了一幅“李壁注版本源流图”，使读者对各种版本关系可以一目了然。从这些方面看，董校本洵为读者之良仆。

三　一点花絮

点校者董岑仕博士，毕业于北京大学中文系，现供职于人民文学出版社古典文学编辑室，她每年编辑的书稿不是很多，但对书稿的认真却是出了名的。为了核校书稿，经常往返于国图、北京大学图书馆、上海图书馆、南京图书馆等，我在北大图书馆就不止邂逅过她一次，问起始知她那时正在编辑《石洲诗话》和《北江诗话》。经她修订的这两部诗话，虽然署名方式未变，但增加了以前没有的校勘记，使用了手稿本及以前未见或未用过的诸多善本，《石洲诗话》还增补了原来没有的卷九、卷十两卷，其实等于重新整理了一遍。修订《苕溪渔隐丛话》时，她居然利用节假日自费去了日本大谷大学，查阅那里收藏的一部宋刊本。

于公不苟，于私亦如此。她为了整理这部《王安石诗笺注》，历时十余载，足迹穿行于海内外相关图书馆，饱览各种秘笈善本，矢志不移，始有今日之收获；虽不能说毫发无遗憾，如沈钦韩的注释因与李壁注大量重复而未加利用，有些误排、误字在所难免，但其敬业和对学术的投入，却让人放心，令人敬佩。在学术问题上，她的眼里常常只有是非而疏于人情，包括我在内的一些师长都受到过她坦率的批评；据我所知，大家似乎未以为忤，也许认真是现在学术界的稀缺元素，一旦遇之，皆不免生出爱护之心吧。

（原载《中华读书报》2021 年 12 月 15 日）

探骊得珠，校注典范
——读周裕锴《石门文字禅校注》

当代研治宋代文学的学者中，理论与文献兼长，且都有卓著贡献者，周裕锴先生是同道公认的一位。他的《宋代诗学通论》一版再版，风行学界数十年而不衰；他作为主编之一的《苏轼全集校注》，被推许为目前苏轼诗词文集整理的最高水平；他对佛教典籍与文学也有精深的研究，著有《中国禅宗与诗歌》《文字禅与宋代诗学》《禅宗语言》《宋僧惠洪行履著述编年总案》《法眼与诗心》等，可谓释门的文化护法。而今，他积二十年之力撰成的《石门文字禅校注》(上海古籍出版社2021年版，以下简称《校注》)，计10册250万字，更洵为校注的典范。

一　与日僧廓门的跨时空对话

惠洪是北宋著名诗僧，其诗文集《石门文字禅》三十卷，身后由弟子觉慈编成刊印。但宋本已无从觅，今见最早刊本是万历二十五年丁酉（1597）浙江杭州径山寺本，后来诸本皆可归属此版本系统，但在长期流传过程中，不断有错讹增生，校勘殊为不易；兼之惠洪系学殖深厚的禅僧，诗文中涉及大量佛教典籍与人物，解读更为困难。

公元1709年，日本禅僧廓门贯彻将其花费二十余年心血所撰的《注石门文字禅》刊刻出版，这是《石门文字禅》的首次校勘与注释，既为后人阅读《石门文字禅》提供了较大方便，也是中日文化交流成果的反映，对于研究宋代文学、禅学、域外汉学皆具重要意义。但廓门毕竟是数百年前的异域僧人，对中国本土的山川、人物、风俗、文化等存在隔膜，有时代、地域及知识的局限性，在校勘、注释等方面多有误读和疏漏。三百年后，同样耗费二十余年心血的《校注》问世，廓门疏误才得以全面弥补。

廓门之校勘，有因形近或音近的不慎致误。如《资国寺西斋示超然二首》“又近寒岩槲叶村”，廓门误“槲”为“檞”；《七月七日晚步至齐云楼走笔赠吴邦直》“楼中夫子神仙流”，廓门误“夫”为“天”。亦有廓门以非为是的主观致误。如《和余庆长老春十首》“叶云谁剪芘花身”，廓门注：“‘芘’当作‘庇’。”实“芘”通“庇”，遮蔽之义，不误。凡此，《校注》均予考辨订正。

廓门之注释，有因文化隔阂显然而误。如《次韵李方叔水宿》“市中一虎成三口”，廓门不知《战国策》“三人成虎”之典，误注“三口，谓三叉路口也”。更有因廓门未能亲至中国，纸上谈兵而误。特别是地名及人名字号出现相同的情况时，廓门的失误明显增加，《校注》逐一指出并予厘正。

地名误注，如《大雪戏招耶溪先生邹元佐》，廓门将新昌县之若耶溪误注为绍兴之若耶溪。《送庆长兼简仲宣》“石城浩荡天水接”，廓门将石头城之省称（即江宁府）误注为太平府之石城山。《赠黄得运神童》“诏落铜山阳”“归来汝水渍”，廓门将临川的铜山、汝水误注为南阳府的铜山、汝水。

人名误注，如《崇因会王敦素》“文公诸郎能世家”，文公即王安石，廓门误注为另一位文公王曙。《寄超然弟》，超然即僧希祖，字超然，廓门误注为彭超然。《佛鉴兴修天宁而大檀越辐凑六月初吉有双莲开殿庭之西池作此》，佛鉴即净因，字觉先，赐号佛鉴大师，廓门误注为慧勤（亦号佛鉴）。

地名及人名字号之外的廓门误注或注不当处，《校注》纠正亦夥。如《食菜羹示何道士》“录以寄徐闻，阿同应笑喜”，廓门未明此拟苏轼口吻，系录诗寄时在雷州（徐闻属雷州）的苏辙（阿同为苏辙小字），反将徐闻误为人名，以为指《列仙传》中的徐闻真。《送雷从龙见宣守》“江浦买舟春水生，片帆何日到宣城。府中若见空青老，从渠为觅诗遗稿”，廓门误注江浦为应天府江浦县，实未明诗意，江浦即江边，不能解作地名；廓门亦不解“空青老”即曾纡自号，注云：“空青不知何人，愚以为不要必解。杜诗：‘石壁断空青。’”

即使佛禅方面，《校注》亦更胜一筹，屡补廓门之未备。如《法轮齐禅师开轩于薝卜丛名曰薝卜二首》，廓门误注齐禅师为齐添，《校注》纠正为景齐（宋人习惯省称僧人法名第二字，若省称齐添，当称添禅师，而非齐禅师）。《赠巽中》“妙语生我世间欢”，廓门注：“‘欢’，当作‘叹’。”《校注》谓惠洪、善权虽为僧，即出世间人，然世间诗之妙语，亦可令其生出欢乐，廓门似未明诗僧之乐趣。《同游云盖分韵得云字》“喜著磨衲裙”，廓门不解磨衲裙何谓，误注：“‘磨’当作‘麻’。”《校注》引《六祖大师法宝坛经护法品》及苏轼《磨衲赞叙》、无名氏《鸡林志》，证即磨衲袈裟。《送琳上人》“又负籧篨访了斋”，廓门注：“籧，筐也。篨，盛谷具。”并云：“了斋，谓了翁家也。”《校注》则引《高僧传》，证籧篨即芦圌，指蒲团；了斋即陈瓘，号了翁，亦号了斋。

《校注》对前人成果非常尊重，他虽然校改廓门之误和为廓门注补充例证及出处多达上千处，但对廓门的贡献也充分肯定，常加按语“其说甚是”，丝毫不肯掠美昔贤。通过与廓门这种跨越时空、后出转精的独特对话，《校注》表达了对先贤劳动的致敬。更重要的是，这是第一部由中国学者完成的对《石门文字禅》全面和高质量的校释，从此域外学者不能专美于前，《校注》以自己的方式捍卫了民族文化尊严。

二、攻坚克难，拒绝“水注”

近些年来，随着古籍数字化技术的发展与成熟，检索和摘录文献愈加方便，古籍整理也出现了若干不良现象。比如古籍校注中某些“水注”风行，难注当注处不注，易注不必注处却狂抄《汉语大词典》等工具书以为能。殊不知“注解的主要作用是帮助读者疏通文意，如果不结合上下文语境而照搬词条，甚至有意逃避不见于辞书的难点，就难以称之为合格的注解。”（杜羽《摒弃“伪校点”“伪注解”》，《人民日报》2017 年 7 月 20 日）

《校注》虽然体量庞大，却是一部拒绝“水注”的优秀古籍注解。《石门文字禅》里的大量语汇典实，无法完全依赖工具书解决，甚至依之反生错误。如“生辰”在该书部分作品中特指高僧的忌日，即死亡之日，这种特殊涵义即使在佛教词典中也无法查到。再如“栓索”（拴索），各工具书亦未收，有研究者将之解为绳索，将《游南岳福严寺》中的“栓索犹存”作为惠洪被拘羁的证据，《校注》则指出“栓索”在该书中多用来喻指相连接之骨架、骸骨，并考出语源为黄庭坚的《枯骨颂》。此类涉及佛禅的词汇，《校注》多有精到解释和义例发明，对研治禅宗文献乃至宋代文化颇有助益。与那些“水注”相比，《校注》堪称“金注”。

优秀的注解，当然要建立在可靠的文字校勘上。《校注》除以《四部丛刊初编》影印万历径山寺本为底本，参校廓门注本、《四库全书》本、《武林往哲遗著》本、常州天宁寺本、宽文刊本等同一系统版本外；还参校历代选本、宋人诗话笔记、惠洪自己的著作及其他禅门典籍，此外参校各种类书方志，尽可能广泛利用材料，灵活运用对校法、本校法、他校法、理校法，校正大量文字错误。在校改时均将底本原文字用括号标出，使读者可知底本原貌。如《卧病次彦周韵》“谁令殿阁风瓯（鸥）语”，就是四种校法俱用的佳例。底本“鸥”字，用对校法知廓门本作“瓯”；用他校法，引入苏轼《雨中过舒教授》：“坐依蒲褐禅，起听风瓯语。”用本校法，指出本集屡用“风瓯”一语。用理校法，分析风瓯指殿阁塔檐悬挂的陶瓦所制的铃铎。最后判断底本“瓯”作“鸥”，涉形近而误，故校改。粗略统计，《校注》改正类似错讹有四五百处，为读者提供了一个精审可信的《石门文字禅》版本。

优秀的注解，还需知人论世。《校注》作者2010年已经出版《宋僧惠洪行履著述编年总案》，在惠洪行迹编年和著述系年之外，兼及交游生平、禅宗谱系、政治事件、党派纷争、文人社团、佛教制度等诸多内容的考证叙述。有此深厚的前期研究成果，《校注》始能为《石门文字禅》的绝大多数作品系年，并考证作品中的人名、地名、本事，解决诸多疑难问题。如《京师上元观驾二首》其二有“特传诏语君恩重，凝睇天阶谢至尊”，《瀛奎律髓》云惠洪时“年二十余耳”。《校注》谓惠洪二十余岁在京师时，乃元祐年间，未得哲宗与宣仁高太后宠幸，绝无“特传诏语”之可能；大观四年，惠洪赴京师，为枢密都承旨郭天信门客，甚受信宠，并于是年十月十日天宁节奏赐紫衣师号，此诗所谓“特传诏语”，当指政和元年上元由郭天信引荐、徽宗召见游幸之事；故创作时地当为政和元年正月十五日的开封府。《石台夜坐二首》，《校注》不仅考其作于政和五年冬，纠正《江西通志卷》“治平年间”之误，又引《舆地纪胜》《方舆胜览》、苏辙《赠石台问长老二绝》等史料，考定创作地点在新昌县。这些都为准确了解惠洪及当时社会状况提供了切实帮助。

优秀的注解，不仅要注明音读、解释词义、说明修辞、考证典故，还要疏通文意、阐明思想。《校注》在这方面用力最勤，成就最大，特别是大量语汇涉及佛教禅宗故实，不注如观天书。《校注》注意介绍各种佛教知识和禅门习语，引证并解读相应佛教文献，为读者阅读提供了方便。如卷四《谢忠子出山》“毛骨稽山冰雪妙”，由“山”和“冰雪”容易联想到《庄子·逍遥游》中“肌肤若冰雪”的藐姑射山神人，但诗题的“忠子”，是惠洪弟子，身份为僧人，不应以藐姑射山神人比拟。《校注》云：

> 毛骨稽山冰雪妙：谓忠子精神气质如唐诗僧灵澈。《宋高僧传》卷一五《唐会稽云门寺灵澈传》：“建中、贞元已来，江表谚曰：‘越之澈，洞冰雪。’可谓一代胜士，与杭标、雪昼分鼎足矣。”本集卷二五《题彻公石刻》：“吴人为之语曰：‘余杭标，摩云霄；雪溪昼，能清秀；稽山彻，洞冰雪。’”稽山：即会稽山，此代指灵澈。《太

平寰宇记》卷九六《江南东道》八《越州会稽县》：“会稽山，在县东南十里。”廓门注：“稽字，《庄子·逍遥游》篇，与‘大浸稽天而不溺’稽同。”其说殊误。

原来稽山为会稽山之简称，灵澈当时即有“冰雪”之誉，且与湖州皎然（清昼）、杭州道标齐名，时人谚语称：“霅之昼，能清秀；杭之标，摩云霄；越之澈，洞冰雪。”《石门文字禅》常分别用“昼”“标”“澈”代指诗僧。此处亦借唐诗僧灵澈来比拟身份同为僧人的忠子。《校注》批郤导窾，遂使文义豁然贯通。

《校注》还长于揭示惠洪诗文出处，指明其诗法文脉，点出其书写习惯、句法特点及创辟之处，有时将之置于唐宋文学史和艺术史大脉络中去考察。如卷一《同超然无尘饭柏林寺分题得柏字》，《校注》不仅拈出惠洪首创“有声画”之语，而且指出其渊源有自，是当时诗坛诗画相通观念的反映，并征引宋人代表性诗文，颇类于钱锺书《宋诗选注》把注释和鉴赏、评判结合起来的做法。《校注》所揭惠洪诗文出处，广涉四部及佛道二藏，足征其学识广博。其中近千处受苏轼影响，堪称苏轼最大的粉丝，受黄庭坚影响者亦有数百处。《僧宝正续传》卷二《明白洪禅师传》称惠洪“大抵规模东坡，借润山谷”，评价甚确。为诗文寻找出处，不仅有助于注释的精确性，更能窥见作者的用心及文学史发展的脉络，其价值不容轻忽。

《校注》全书皆标人名、地名、书名线符号，这些专名线，无疑有助于正确标点和理解文本。如第一册卷首明释达观《石门文字禅序》：“故宝觉欲以‘无学之学，朝宗百川’。无尽叹民公‘南海波斯，因风到岸’。标榜具存，仪刑不远。”此段文字前人断句皆误，《校注》在“宝觉”“无尽”“民公”下皆加人名线，确系读懂了文本，故能点断准确。因是序文，此处未加注释，好在《校注》作者在微信朋友圈中有所说明，摘引如下：

> 这段话中，宝觉是临济宗黄龙派的祖心禅师，号晦堂，赐号宝觉。惠洪《禅林僧宝传》卷二十三《黄龙宝觉心禅师传》载祖心语曰：“我以无学之学，朝宗百川。”无尽是北宋徽宗朝宰相张商英，字天觉，号无尽居士，四川新津人，今观音寺即其故里。民公指华藏安民禅师，也称峨眉中峰民和尚，是临济宗杨歧派圆悟克勤的弟子（圆悟克勤之墓今存，在成都动物园旁）。宋释道行编《雪堂行和尚拾遗录》载：“峨眉中峰民和尚，初讲《楞严经》于成都。……民初访无尽，于渚宫议论教乘，无尽大喜。之后，闻民充首座，无尽致书于悟（圆悟克勤）曰：‘民座主舍义学，开宗眼，如波斯珍宝满船，遇风到岸矣。’”知道这两个禅典的出处后，《石门文字禅序》里的这段话也就不难断句了……

看似简单的几个专名线，但背后需要花费多少心血和调动多少知识储备，才能正确标出。古籍整理之不易，由此可窥一斑。

仇兆鳌《杜诗详注序》云："注杜者必反复沉潜，求其归宿所在，又从而句栉字比之，庶几得作者苦心于千百年之上，恍然如身历其世，面接其人，而慨乎有余悲，悄乎有余思也。"这是注释的最高境界，《校注》庶几臻于此境。

三、关于骊龙的鳞爪

不能说《校注》毫发无遗憾，如其中亦有不少人物生平不可考，创作时地不详，作品词意难解处，《校注》对此从不妄充解人，不穿凿，不附会，老老实实地承认，虽留有遗憾，却无愧于学术良知。

《校注》在形式上也有不完美之处。如有些注释的标号与正文标号不相一致，这可能由于前后改动版式所致；多数参校书目未列出版本信息，建议修订时以附录形式列出所有参校的具体版本；有些底本不误而参校本错误的校勘似可不列，如果有自己的考虑，可在凡例中言明；注释格式未能统一，如有的注释串讲句意，有的则没有，像《石门文字禅》这样阅读难度较大，甚至点断都不容易的古籍，读者当然希望增加句意和诗意串讲。

这部二百多万字的巨著，已经达到"当下集部文献整理的最高水准"（上海古籍出版社公众号推荐语）。就像探骊既已得珠，剩余鳞爪纵使有所欠缺，也不影响其主体的光彩和价值。不过依我对《校注》作者的了解，纵使读者不相苛求，如有机会，他也会将之修订得愈加完善。因为在他心中，永远葆有对学术的敬畏和对读者的尊重。

（原载《中华读书报》2022 年 1 月 19 日）

附录：访谈四篇

坐实文献资料 拓展研究视域
——访中国社科院文学所张剑研究员

采访人：翁同龢纪念馆 王忠良

王：张先生，您好！谢谢您在百忙中接受我们的访谈。

张：不客气，都是老朋友了，随便聊聊吧。

王：2011 年您整理的《翁心存日记》由中华书局正式出版，为学术界为翁氏研究提供了一份弥足珍贵的文献资料。请问您是什么时候开始关注翁氏家族文献的？

张：关注翁氏家族文献，要从我个人的主要研究方向之一家族文学说起。2001 年，我跟随陶文鹏先生攻读在职博士学位，博士论文题目是《宋代晁氏家族与文学》（2004 年完成，其主体部分以《宋代家族与文学——以澶州晁氏为中心》为名，2006 年由北京出版社出版）。在研究宋代家族文学的过程中，我感到尽管宋代文献已较前代大为丰富，但缺失仍多，许多想法无法得到文献的有效支撑，许多细节还只能依靠悬想或推测，心里感到不满足，产生了到文献更为丰富的清代去探一探的念头。恰好2006年文学所与遵义市联办“纪念郑珍200周年诞辰暨遵义沙滩文化(国际)学术研讨会”，我提交的是关于晚清大儒莫友芝的研究论文，于是想能不能就莫氏家族做做文章？我个人的治学习惯是一切先从文献做起，而且要挖深井，文献不掌握八八九九一般不动手。在搜辑莫氏家族文献的过程中，我惊叹其文献的复杂与丰富，同时又发现莫友芝交往的对象中，有不少令我更感兴趣的家族，常熟翁氏家族就是其中之一。这个家族，门第辉煌，命脉绵远，影响巨大，在家族研究中极具典型性和代表性。于是我一方面将搜辑的莫氏文献陆续整理为《宋元旧书本经眼录·郘亭书画经眼录》（中华书局2008年）、《莫友芝年谱长编》（中华书局2008年）、《莫友芝诗文集》（人民文学出版社2009年），一方面开始调查搜集翁氏家族文献。如果要说一个具体的时间起点，应该略后于对莫氏文献的关注，大约是在2007年。不过，无论关注莫氏文献还是翁氏文献，都可说是我研治家族文学的自然延伸。

王：日记整理前后花费了多少时间？能否请您回顾一下《翁心存日记》整理的过程？

张：日记整理前后花了三四年的时间吧。翁同龢是被学界关注的重点，谢俊美先生等人已经捷足在前，但他那本《常熟翁氏》（中国人民大学出版社 1999 年）却给我提供了不少翁氏家族其他成员的线索。特别是翁同龢的父亲翁心存，身为咸丰朝体仁阁大学士，又是翁氏家族兴起的关键人物，却长期乏人关注，而且其文献遗存量庞大，除《知止斋遗集》十六卷刻本外，其他均系稿钞本状态，无人整理，我有责任也有兴趣把其文献先整理出来。因此大约自 2007 年下半年，我已在国家图书馆借阅《知止斋日记》胶片，并开始整理了。不过由于当时还承担有国家课题《宋代家族与文学研究》，又分心于莫友芝文献，因此翁心存日记的整理是断断续续的。2009 年年初，我的国家课题结项，莫氏几种文献也先后出版，才开始集中精力和时间投入到《翁心存日记》的整理中。

整理过程十分艰苦，因为从我居住之处到国图来往路上要花三个小时左右，而且去国图时是上班高峰，回家时又逢下班高峰，公交车上拥挤不堪，根本没有座位，一天下来，身心极度疲惫。由于去趟国图不容易，就特别珍惜时间，中午一般不出去吃饭，怕耽搁时间啊，但常饿肚子也不是办法。后来国图的朋友、《文献》编辑部的张燕婴和张廷银出了个主意，由张燕婴中午去食堂吃饭后再买两三个包子带回编辑部，然后打电话叫我过去。他们的办公室在四楼，我看书的善本室在二楼，这样来往方便，吃包子又不费时间，一般十分钟之内就可以搞定，真为我解决了大难题。我现在见了张燕婴还开玩笑：“我可欠了你一千多个包子呵。”

就这样，到了2010年下半年，翁心存日记的整理工作基本完成。我所在的社科院不坐班，但我所在的《文学遗产》编辑部每周要求上两天班，我就常常早去晚归，尽量在那两天里干完单位所有的工作，以保证有较充分的时间去图书馆。那两年我可能是在国图善本室出现频率最高的读者，后来被善本室的同志推荐，获得了国家图书馆2010年度的“文津读者奖”（共十名）。

翁心存日记整理完成后，由于疲惫，兼之长期伏案，颈椎、腰椎都出了毛病，我一度不想做人名索引。但刘跃进老师、陆林老师他们都说大规模的文献如果没有人名索引，将不便利用，价值也就小了一半，我爱人也极力怂恿，愿意帮忙整理，因此最后还是硬着头皮做了。从文献整理规范的角度和之后读者的反映看，当时的选择无疑是正确的。另外，日记的出版，还得到了中华书局俞国林兄的大力支持，他作为责任编辑，不仅正我疏失，而且为我提供了许多“特殊”政策，如为了不影响出版速度，他先排印出日记正文进入编校程序，同时耐心等待我做人名索引；在编制索引的过程中，他又为我出了不少好主意，如以人物出现的日期而非出版物的页码为索引内容，就出自他的建议。某种意义上可以说，日记的整理及出版，不是我个人的成绩，而是众位师友的合力促成的。

王：您认为《翁心存日记》的历史文献价值体现在哪里？

张：翁心存是道、咸两朝的重臣，他留下的日记达二十七册之巨，内容丰富，价值是多方面的。这主要是因为：翁心存进士及第后，历职丰富，由翰林院庶吉士历官编修，右中允，翰林院侍讲，左右庶子，国子监祭酒，奉天府府丞兼学政，大理寺少卿，内阁学士，工部、户部侍郎，工部尚书兼署左都御史，刑部尚书兼管顺天府尹，兵部尚书，吏部尚书，以户部尚书协办大学士，体仁阁大学士，历充上书房行走，日讲起居注官，经筵讲官，教习庶吉士，实录馆、国史馆、武英殿总裁，上书房总师傅，广东、江西学政，福建、四川、浙江、顺天乡试考官等，咸丰九年（1859）因病奏请开缺，咸丰十一年（1861）起复，以大学士衔管理工部事务，充弘德殿行走（同治帝师）。因此，其日记也相应反映出道、咸两朝的政治、经济、军事、科举、礼仪、吏治、民俗、天象、地理状况等。

如第一次鸦片战争、第二次鸦片战争以及咸丰八年顺天科场案、咸丰九年户部官票案，在《翁心存日记》里均有不少记载，可以使历史事实得以更清晰地呈现；翁心存多次出任学政或典乡试，每赴一地，均于路程远近、驿站设置、地理风貌、年成分数、谷价低昂、吏治民情、兵防水利及一切时事详细记录，可以为研究科举文化、地理环境、地域风情以及农林水利等提供有用的信息。翁氏日记非常详细地记录各种礼仪制度以及恭理帝后丧仪、勘修陵墓工程的具体过程，可以为研究清代礼制和陵墓建筑提供诸多参考。翁氏日记所载名人佚事甚夥，如柳如是、杜堮、刘喜海、程恩泽、刘熙载等，可以为研究人物传记提供宝贵资料；翁氏日记当然还是研究翁心存本人及翁氏家族的第一手资料，据此可以纠正古今人等诸多研究之失。举一个例子，如咸丰八年（1858），任陕甘学政的翁同龢奏请开缺回京调养疾病，有人认为其回京的真正原因是担心肃顺借户部官票兑换案和五宇奏销案迫害父亲，然据翁心存日记，知翁同龢回京确因足疾严重，抵京时间是咸丰九年四月三日申初，此时户部官票兑换案和五宇奏销案还未发生呢。……以上不难看出，《翁心存日记》所蕴含的广阔和丰厚的历史文化价值。

《翁心存日记》出版后，得到了学界的利用和好评，这是令整理者十分欣慰的。如南京大学徐雁平教授就利用翁心存日记，统计出19世纪北京年平均沙尘天数达22天，纠正了以前自然科学工作者据《翁同龢日记》得出的10.4天的结论（见徐雁平《从翁心存、翁同龢日记的对读探究日记文献的特质》，《南京大学学报》2013年第3期）。复旦大学杨煜达教授等在“全球变化研究国家重大科学研究计划项目”中，利用《翁心存日记》，重建了19世纪中叶北京沙尘天气情况，分析发现当时北京年平均沙尘日多达31.36天，高于近60年来北京沙尘天气的平均水平，而19世纪中叶的北京沙尘天气中扬沙、浮尘和沙尘暴天气的构成和现代基本相似。他们认为《翁心存日记》是迄今为止发现的记录天气现象最为详细的历史天气日记，在气候学史具有重要意义（见杨煜达等《19世纪中叶北京高分辨率沙尘天气记录：〈翁心存日记〉初步研究》，《古地理学报》2013年第4期）。再如武汉大学谢贵安教授利用《翁心存日记》研究清实录的修纂和清实录馆的管理与运作，也有系列研究成果发表（见谢贵安《从〈翁心存日记〉看清代实录馆的修纂与运作》，《史学史研究》2012 年第 4 期；《〈翁心存日记〉所见〈清宣宗实录〉版本考》，《文献》2013 年第 6 期；《清实录研究》，上海古籍出版社 2013 年）。《光明日报》甚至将《翁心存日记》誉为“晚清第五大日记”（见《光明日报》2011 年 11 月 13 日克清《“晚清第五大日记”记了什么》），有趣的是，《新作文·金牌读写（高中生适读）》2012 年第 3 期还将这篇文章予以摘编，作为高考热点押题素材，并评价说：“毋庸置疑，翁心存的日记是非常重要的近代文献，对近代政治、文化研究都有不可低估的意义。这也启示我们：记下所见、所闻、所感的点点滴滴，便能汇成一片大海，折射出时代、人生的诸多情状和滋味。”从中也可见出《翁心存日记》的多重价值。

王：长期以来，史学界围绕翁同龢研究，大多结合《翁同龢日记》展开，现在看来，这样的局限是显而易见的。包括《翁心存日记》等文献资料的出版，您认为在哪些方面有助于拓宽翁氏研究的领域。

张：《翁同龢日记》自然是研究翁同龢本人最为重要的资料，然而仅有这些明显不够。因为日记固然重要，但因为个人习惯和目的不同，详略侧重各有差别，对同一事物的看法，也因人而异。因此欲求对研究对象更为深刻全面的认识，还要关注研究对象的其他著述和研究对象之外的记载。如翁同龢的诗文、书信等，对于翁同龢研究也非常重要，但这方面的研究并不充分。仅以文献搜集而论，虽然《翁同龢集》已经尽了很大努力，还是难免遗漏，我在中国社会科学院近代史所图书馆见到过几封翁同龢书信，就没有收入《翁同龢集》，最近出版的赵平先生的《翁同龢书信笺释》（中西书局 2014 年），收罗了 858 通翁氏信札，是翁同龢研究的一大贡献。而翁同龢的很多题跋，散见于各种古籍中（我们文学所图书馆的古籍里也有翁氏题跋），如果有心人能够整理出一本《翁同龢题跋》，对学术界也是有益的事情。

研究对象之外的文献记载，以家族文献最为自然贴近。因为它既可以提供一种外在于研究对象的他者视角，又具有极高的可信度。因此，欲要深入把握翁同龢本人，不研究其家族的影响也是不全面的。我曾写过一篇《廉正传四海——论翁心存的廉政克己及其对翁同龢兄弟的教育与影响》，就利用了《翁心存日记》等其他文献，说明翁同龢的“廉政克己”渊源有自，是翁氏家族中人共同追摹的精神范式。常熟翁氏能够绵延百年，至今仍代有闻人，与翁心存对子孙的教育与影响是分不开的。

即使是非家族性的其他文献，对于研究翁同龢也具有重要意义，非家族性文献常能够拓展研究视角，带来不少新的发现。如《徐兆玮日记》的出版，就足以证明沈鹏的上书并非翁同龢指使，且翁同龢及翁家是极力回避和阻拦此事的；而且根据《徐兆玮日记》，我们还知道《瓶庐诗集》中有伪诗，如《题秦权拓本》（始皇御极吞六国）就是沈石友的诗而误为翁同龢之作；另外，翁同龢师友门生的别集中，有大量与翁同龢有关的文献，如康有为有《怀翁常熟去国》，俞明震有《游破山寺睹翁常熟师遗墨感赋》《止翁氏墓庐谒常熟师墓》，郭曾炘有《翁文恭公生日师郑吏部邀同人陶然亭为瓶社第一集并出遗墨传观敬赋长句》，等等，不妨将之搜集起来予以研究。

最后，我觉得还有一点值得注意，即翁同龢研究原来多在史学界内进行，但这并不正常。因为翁同龢不仅是著名的历史人物，还堪称文学家、艺术家和学者，把翁同龢限制在史学视域里，是对翁同龢研究的窄化和矮化。如何从文学史、书画史、学术史乃至社会史、文化史方面对翁同龢做综合立体地透视，我以为是未来翁同龢研究的主要发展方向之一。

王：敬悉您在 2011 年整理点校《翁心存日记》、2013 年整理点校《翁心存诗文集》，您不断在整理翁氏家族的文献资料。能否就此谈谈您正在进行的整理工作和计划？

张：前面已经说过我的治学习惯是广泛收辑资料和挖深井。既然对常熟翁氏发生了兴趣，那么翁心存日记的整理就不过是开始而已，顺理成章，我要完成翁心存除日记之外其他著述的整理，从 2011 年始，经过两年左右的努力，我将《翁心存诗文集》辑校完毕，交给凤凰出版社于 2013 年 12 月出版。这个整理过程的艰苦有别于《翁心存日记》，因为翁心存诗文资料不单藏于国图，还散见于上海和南京等地，一言难尽，就不多说了。该书一百万字，分五十卷，除诗歌中的十六卷有刻本传世外，其他三十四卷均从大量稿钞本中新辑而出，里面有非常重要的史料，如钱泳的墓志铭、乡试主考官的注意事项、顺天府尹的职责等。我的初步计划是将清代翁氏家族成员的所有文献逐步整理出来，然后在此基础上编纂《常熟翁氏年谱资料长编》，以后争取写出一本在全面占有资料基础之上的《常熟翁氏研究》。受翁万戈先生和翁以钧先生委托，我现在已经初步整理出《翁斌孙日记》，预计明年由凤凰出版社出版，我还请学界朋友整理出了《翁曾翰日记》（凤凰出版社 2014 年），今后，还拟在完成自己主要的编辑工作和科研工作之外，陆续整理翁同书、翁同爵、翁曾源、翁祥芝、翁之廉等人的资料，争取使未来的翁同龢及翁氏家族研究建立在一个更加清晰丰厚的文献支撑之上。

在整理翁氏家族文献的过程中，我感到常熟不仅是历史悠久的文化名城，而且留存下来的资料非常丰富，常熟市图书馆所藏古籍及乡邑著述的总量，在县级图书馆中首屈一指，是非常理想的区域文化研究对象。如果能选取若干甚至全部有代表性的常熟文化家族，将有关他们人生的全部信息都提取和标注出来，然后综合绘制图表，加以论析，家族史和区域史研究必将呈现出动态、立体、多元的生动图景。中国古代社会的种种关系，政治、经济、文化、历史、地理、职业、生理等各种因素对家族人员成长的影响，可望藉此图景窥见一斑。常熟历来有“翁庞杨季是豪门，归言屈蒋有名声”的说法，指的是清代常熟最有名的八个家族。我原来曾“企图”对这八大家族的资料全部予以整理和研究，但至今只写了本《清代杨沂孙家族研究》（中国社会科学出版社 2010 年）。清代杨氏家族虽然只出过杨希铨、杨泗孙、杨崇伊三名进士，但其他家族成员也颇有闻名之士，如杨岱以孝义显，杨景仁以政功显，杨沂孙以书法显，杨圻以诗歌显……仍无愧为名门望族，具有多方面综合研究价值。但由于精力有限，兼之本人兴趣时常转移，恐怕做完翁氏家族资料整理与研究后，对常熟其他文化世家不一定会重点关注了。如果有人能接着做下去，我将十分高兴。

王：您坚持不懈地整理翁氏家族文献资料，作为翁同龢的家乡人十分感谢您。同时，也恳请您谈谈常熟该如何开展翁氏文献的出版研究工作，以进一步提升常熟文化影响力和软实力。

张：我们要相互感谢。在收集和整理翁氏家族文献的过程中，我得到了您与其他常熟人的热情支持和帮助。我记得咱们是 2009 年 1 月在北京中华世纪坛世界艺术馆举办的“传承与守望——翁同龢家藏书画精品展”上邂逅的吧。当时我参观结束，看到门口有常熟桂花酒卖，就随口问了一句，没想到正好您守在那里。之后就结下了友谊，帮我在常熟获得了许多珍贵资料，包括海虞翁氏族谱、杨氏宗谱、杨沂孙诗文资料等，同时我也得到了苏醒馆长与曹培根教授的不少帮助，如果说感谢，首先要感谢您和常熟人，“巧妇难为无为之炊”啊。

您说的“如何开展翁氏文献的出版研究工作，进一步提升常熟文化影响力和软实力”，我以为非常适时和重要。以前我们很多地方官员，宁愿花上百万甚至上千万元搞文化节、艺术节以招商引资，美其名曰“文化搭台，经济唱戏”，而不愿花几十万元甚至几万元去搞扎扎实实的文化基础建设。但是我国现在经济发展方式已经发生深刻变化，产业结构已由制造业、建筑业逐渐向服务业转移，一味吸引和增加投资已不符合国家经济发展的未来走向。而服务业的发展，与人文化素质的提高密切相关。人的文化素质提高，不能靠短期的“文化秀”或开会喊口号，而要靠长期的文化政策以及在其支持下的文化整理、文化传播与学术研讨来实现。

最近，习近平总书记在中共中央政治局第十三次集体学习的讲话中明确指出：“核心价值观是文化软实力的灵魂、文化软实力建设的重点。”“培育和弘扬社会主义核心价值观必须立足中华优秀传统文化。”从这个意义上来说，翁氏文献的整理、出版与研究，应该成为常熟市文化基础工程的重要组成部分，成为常熟市文化软实力的重要开展方向。

王：作为中国历史上著名的文化世家，翁氏家族无疑堪称典型。在您整理翁氏家族文献资料的过程中，您认为翁氏家族的文化遗产对于现代社会有何启示？

张：人们提起一个地方，往往最先联想起这个地方都出了哪些名人，这些名人的家族怎么样？因此，文化名人和文化家族可说是一个城市或地域最醒目的文化名片。翁同龢不仅是晚清知名度最高、影响最大的名人之一，他的家族也堪称中国历史上著名的文化世家。翁同龢及其家族展现出的价值理念、道德规范和立身处世，蕴含有非常丰富的正能量，具有很强的榜样性与践行性。这里略谈两点：

一是廉洁奉公。翁氏家族由寒士起家，后来渐至通达，出现两代宰执、两代状元、三世公卿、四世翰苑的盛况，但其家仍能保持本色，力戒奢靡，廉洁奉公。以两代宰执翁心存、翁同龢父子为例，翁心存历官三十余载，却连一顶夏天避蚊虫的碧纱帐都没有，所挂朝珠也从未超过百两银子。翁同龢光绪二十四年被开缺回籍，行前，友人门生纷纷厚赠，翁同龢大多回绝。《翁同龢日记》光绪二十四年五月初二日记："那琴轩来，厚贶，却之。荣仲华遣人致书，厚贶，亦却之。"《那桐日记》光绪二十四年五月初二日亦记："未刻到翁师处送程仪千金，辞不受。"荣禄（字仲华）是维新派的死敌，不收他的赠金可以理解，那桐（字琴轩）是翁同龢的学生，平日关系素密，而亦却之，只能说是其廉正个性使然了。这种严于律己的官员在当时是楷模，在现代社会更是了不起的榜样。

二是注重家教。翁氏家族非常注意家庭教育的作用，家长不仅以身作则，能够上承祖德，而且训启后人，将家族文化精神发扬光大。如翁心存不仅清廉克肖乃父翁咸封，而且注意通过各种形式的家族教育，将这种优良传统灌输给子孙，以缅怀祖德，激扬后人。嘉庆二十五年，翁同书、翁同爵"皆失学"，翁心存"亲督课之”（《先文端公年谱》），道光十八年翁心存告养在籍，亦曾亲督课翁同龢及曾文等孙儿辈。除了亲课学业外，翁心存还常通过祭祀先人、编订先人文集、纂修族谱、耳提面命、文字训示等形式教育子弟。翁同爵、翁同龢兄弟训迪子孙，亦颇得翁心存教育的菁华。《翁氏家书》里收录了不少两人给后辈的信函，从其内容不难见出，克己知足、廉洁奉公、报国恩、扬祖德，已逐渐成为翁氏家族共同遵循和自觉维护的一种精神范式，家族子弟浸润其中，潜移默化，故能逐代传承，不坠家声。

我们今天高倡廉政建设，其方法不乏高明之处，但是家族教育始终是薄弱环节，不仅双职工家庭将子女教育推给了学校和各种辅导班，而且农村家庭，由于父母出外打工，出现了诸多空巢子女，其家庭教育更加得不到保障。而家庭教育无疑是人成长的最自然的摇篮，常常影响到人一生的选择。家族文化如何作为一种软实力，为家族成员营造积极健康的文化氛围，进而影响其精神结构和政治表现，常熟翁氏为我们提供了最好的说明和借鉴。

王：2014 年是翁同龢逝世 110 周年纪念。翁馆筹备创刊《翁同龢研究》，作为翁氏家族文献整理与家族文化研究专家，您对我们的刊物采编有些什么建议。

张：翁同龢纪念馆近年在推进翁同龢及其家族研究方面做出了不懈努力与不凡成绩，大家有目共睹。而创刊《翁同龢研究》，是对翁同龢研究的深化与提高，也可以更好地宣传常熟文化，我认为不论是当地政府还是研究者，都应乐观其成，乐于相助。

我个人对《翁同龢研究》的建议有三点：

一是注意开放性。不能关门办刊，办成区域学者自娱自乐的刊物。像翁同龢这样的人物，已经不单单属于常熟，而是具有全国性乃至世界性，要团结全国和海外对翁同龢研究有兴趣的学者，加强沟通与联系，共同努力，将《翁同龢研究》办成有深度、有品位、有影响的研究型刊物。

二是注意持续性。不能办办停停，“三天打鱼，两天晒网”，如果是年刊，就要想法组织好稿源，如高稿酬、专题高端学术研讨会、新书发布会等，都是吸引优质稿源的有效方法。另外出版时间要固定，在每年大致相同的时间段推出，给人形成系列印象，慢慢提升知名度与影响力，使《翁同龢研究》发挥出“常熟文化之窗”的作用。人们通过这个窗口，可以更好地了解常熟的文化；常熟也可以通过这扇窗口，展示和强化自己的文化软实力。

三是注意灵活性。刊名虽是“翁同龢研究”，内容不妨扩大至翁氏家族或常熟地域文化，但每辑要保持大多数文章是以翁同龢为研究对象，否则名不符实。可以采用栏目化，即每辑设立不同专栏，除“翁同龢研究专题”为主要栏目不变外，其他根据内容可设立“翁氏家族文化”“常熟地域文化”“翁氏文化研究通讯”等专栏。

最后，祝愿《翁同龢研究》越办越好！

（原载《常熟理工学院学报》2015 年第 1 期）

默然湛深　探骊得珠

——张剑谈莫友芝著作整理与研究

“西南巨儒”莫友芝是清代重要的学者、诗人、书法家、史学家，是一位具有多方面重要成就的晚清文人。中国社会科学院文学研究所编审、《文学遗产》副主编张剑近十余年来持续致力整理和研究莫友芝著作，陆续推出《郘亭书画经眼录》《莫友芝年谱长编》《莫友芝诗文集》《莫友芝日记》等一系列著作，共同主编《莫友芝文学及文献学研究》等。由张剑、张燕婴点校的《莫友芝全集》2017 年由中华书局出版，为相关领域研究提供了丰富重要的材料，莫氏研究大有可为。

中国社会科学网近年注意梳理全国各地域的学术史及学术人物相关材料，其间逐渐了解到清末民国时期贵州遵义乐安江畔的文人学者群体及其成就。2017 年年中喜闻《莫友芝全集》出版，2017 年底我们到文学研究所拜访张剑编审，介绍了我们的计划。张剑老师学问笃实而为人亲和，向我们简要介绍了《全集》情况，并赐阅相关研究专著。当得知我们准备到贵州实地考察，他还向我们推荐了在文学研究所访学的贵州学者以提供协助。在《文学遗产》编辑部办公室，我们翻阅《莫友芝全集》，大致了解《全集》的分量以及装帧风格等。关于《莫友芝全集》第一卷正文前的图版也翻阅请教，如莫友芝《韵学源流》稿本、郑珍画作《影山草堂图》等都让人印象深刻。

黎庶昌在《莫征君别传》写道，莫友芝其人默然湛深，笃治许、郑之学，为整理乡邦文献，“君生平志存文献，思为《黔志》一书，润色边裔。道光中，与子尹同撰《遵义府志》，博采汉唐以来图书地志、荒经野史，披榛剔陋，援证精确，体例矜严，成书四十八卷。时论以配《水经注》《华阳国志》。又综明代黔人诗歌，因事存人，因人考事，翔实典要，为《黔诗纪略》三十三卷。贵州文献始烂然可述。”张剑等学者整理莫氏著作也可谓博采、披榛、精确、矜严，使莫氏相关文献灿然可述，堪称莫氏研究功臣。

2018年春末夏初，我们专程赴贵州深入考察，拜谒沙滩莫友芝墓、遵义郑莫祠等地，查阅相关论著，对莫友芝其人其学有了粗浅的了解。在此基础上，近日我们就莫友芝著作整理与研究相关问题采访请教了张剑编审。

中国社会科学网：张剑老师，您好！前阵我们去了贵州，专程赴遵义沙滩一带考察并拜谒了郑珍、莫友芝、黎庶昌三贤墓，乐安江畔的沙滩的确是一个美丽的山乡田园，让人印象很深。请问您对遵义沙滩有何印象？

张剑：贵州我虽去过三四次，但沙滩只在十几年前去过一次，印象中山清水秀，人文气氛也较浓郁；可惜由于日程安排较紧，像郑珍和莫友芝诗中写到过的许多当地风景都没能考察和领略，留下了不少遗憾，希望以后会有机会弥补。

中国社会科学网：10 年前的 2008 年，《莫友芝年谱长编》出版，近 10 年后，《莫友芝全集》2017 年在中华书局出版，引起学界关注。请您回忆下最初是如何开始关注莫友芝家族文献并开始研究莫友芝的？

张剑：研究莫友芝的机缘相当偶然，但也算是我硕博士阶段研究领域的一个自然延伸。我硕士阶段师从董乃斌先生治唐代文学，学位论文是《20 世纪李贺研究述论》（1998）；博士阶段师从陶文鹏先生，学位论文是《宋代晁氏家族与文学》（2004）。之所以由唐入宋，虽然与董师主业治唐、陶师主业治宋不无关系，但主要还是基于个人性格和趣味（董、陶二师对学生都很宽容）。说实话，我对哲学家和理论思辨型的学者充满敬畏，硕士阶段也半懂不懂地买过和阅读过许多哲学名著，但自知在这个方面是个短板，没有什么发展前途。因为我个性尚实，喜欢具体的、证据确然式的研究。宋代较之唐代，史料虽然远为丰富，但只是相对而言，许多细节和过程仍不清晰，因此产生了到宋代之后去看看的念头。

2005 年，文学所与遵义市政府商定于次年联办“纪念郑珍 200 周年诞辰暨遵义沙滩文化 (国际) 学术研讨会”，我作为参会人员之一，需要提交论文，就到文学所图书馆查阅有关郑、莫、黎三家的资料，惊喜发现那里居然藏有十几种莫友芝本人的手稿，包括外界认为已经失传的《郘亭书画经眼录》和部分《郘亭日记》等，还有一种莫友芝曾孙女莫珠姝工笔抄录的《影山草堂学吟稿》，所收 391 首诗绝大多数不见于印本《郘亭诗钞》《郘亭遗诗》。这次的大发现可谓我研究莫氏的一大机缘，之后愈发不可收拾，陆续在中国台湾、北京、上海、南京、贵阳等地发掘出上百种的莫氏稿钞本。但限于当时条件和规定，很多材料不能复制，只允许抄录和摘录，尚不具备编纂全集的条件，于是就先将《郘亭书画经眼录》（2008）、《莫友芝诗文集》（2009）整理出来，同时编纂了一本《莫友芝年谱长编》（2008），将所发现的材料及时公布出来供学界利用。《长编》虽然为推广莫友芝研究起到了一定作用，但仓促编成，疏漏很多，这既由于我的学殖不厚，也由于我做事急于求成的性格，现在看来是一个教训，需要不断惕厉自警。

中国社会科学网：请您介绍下《莫友芝全集》的整理过程，在这一学术工作过程中，有哪些难忘的人和事？

张剑：随着莫氏资料的不断发现，最重要的是我通过学界师友的帮助，将绝大多数的重要资料陆续复制回来，《莫友芝全集》

的整理也提上议事日程。整理工作邀请国家图书馆的张燕婴博士参与进来。她是金开诚先生的关门弟子，治学谨严，在学界素有声誉，《全集》的前两册基本上是由她完成的。整理过程中的甘苦自知，难与人俱言，但最想表达的有几点：

一是我曾统计在整理《全集》过程中，给予过相关帮助的师友人数，居然有七八十位，如果没有他们的鼎力支持，这项工作根本无法完成。有意思的是，有些师友至今尚缘悭一面，如贵州师范大学的吴鹏先生，给过我很多无私的帮助，我们之间也有过不少电话、微信或邮件往来，甚至《全集》中《郘亭印存》的整理说明都由他撰写，但至今尚未见到。其他各位师友我虽然无法在这里一一列举，但他们的名字已深深铭记在我心中。

二是《全集》的整理、调查或使用过的莫氏稿、钞、印本超过百种，虽然仍有不尽如人意之处，但确实用了“洪荒之力”，整体上应该达到了目前所能达到的“最全”。而且每种莫氏著述，我们都尽量将各种版本搜罗齐备，弄清其版本源流，以便择善而从，有时会有很重要的发现。如莫氏的名著《郘亭知见传本书目》，原以为同治十二年莫绳孙的抄本已算最早的版本，没想到后来在上海图书馆发现了莫友芝的手笺本，又结合其日记、书信，终于弄清了该书的真相。原来莫友芝在同治六年十二月中旬至同治七年二月初，曾将邵懿辰、张金吾、阮元、于敏中、彭元瑞、钱曾等人的著述摘录于《钦定四库全书简明目录》之上，间杂以己见，其本人并无意成书，后来莫绳孙将其录出编为十六卷，始得传世，但隐瞒了该书主体部分是过录邵懿辰等人著述的事实。这种爬梳和发现，不仅极大满足了我追求细节和过程的欲望，而且提升了相关研究的高度和深度。我撰写的论文《〈郘亭知见传本书目〉真相发覆》（《文献》2015 年第 1 期）至今都还敝帚自珍。

三是我们不惜多费周折，也要尽量保证学术的规范性。虽然通过各种方法，我们获取了大量资料的复制件，但未经收藏单位书面或口头同意，我们对任何一种资料都不敢全部影印。其中《郘亭印存》是由几个本子凑成的“百衲本”，《郘亭校碑记》的影印则征得了国家图书馆的同意。

中国社会科学网：《莫友芝全集》12 巨册，几乎收录莫氏除《遵义府志》以外的所有存世著述，有资料称“不遗片纸”。从您的治学旨趣而言，对《全集》中哪些著作特别感兴趣?

张剑：多谢您的褒扬，但“不遗片纸”是绝不敢当的。《莫友芝全集》出版后，又承友朋赐示过几封莫氏佚札，再如国家图书馆藏蒋敦复“《万言书》一卷《啸古堂文钞》一卷”稿本中，亦发现《全集》失收的一则莫跋。如果将来能够累积到一定数量，可以考虑再出一本“补编”。

就我个人趣味而言，我对《全集》中能见作者性情的日记、书札特别感兴趣。因为古人没有我们今天可以保存音声图像的技术，想要获取他私人化的诉说和真实的想法，从其日记和书信中寻找无疑是理想的选择。日记是自我倾诉式的，而书札则是交流互动式的，有时蕴含的信息更为丰富。

中国社会科学网：您在刊物上曾主持莫友芝研究专题“走进‘西南巨儒’的心灵世界”。根据对《莫友芝全集》的了解，您觉得当前学界还可以从哪些方面拓展莫友芝研究？

张剑：莫友芝集诗人、学者、书法家、史学家于一身，以往学界对其的研究多集中于学者的一面，其中又偏重于版本目录学，这显然是不够的。我觉得莫友芝在文学、史学和艺术方面的成就都值得大力开拓。以文学而论，《全集》收诗近 1500 首，词 150 阕，文 20 卷，较印本都有巨量的增补，显然大有可为。

中国社会科学网：前人称赞莫友芝诗为“学人之诗”。您对此是怎么看的。

张剑：所谓“学人之诗”及其特点，宋代已有论及。如南宋张栻就云：“学者诗，读着似质，却有无限滋味，涵泳愈久，愈觉深长”（盛如梓《庶斋老学丛谈》）。严羽《沧浪诗话》批评宋诗“以文字为诗，以议论为诗，以才学为诗”，也常被看作对“学人之诗”的总结。但“学人之诗”的正式提出，还是到了清代，清初方贞观在其《辍锻录》中明确说：“有诗人之诗，有学人之诗，有才人之诗。”（有关三者的区分，可参看李金松《诗人之诗、才人之诗与学人之诗划分及其诗学意义》一文，《文学遗产》2015 年第 1 期）方贞观还认为学人之诗的优长在于“博闻强识，好学深思”，短处在资书以为诗，挣脱不开学问的束缚。

莫友芝腹笥甚厚，常以考据学问入诗，《芦酒》《哭杜杏东及其子云木三首》后皆附以一二千字的考证文字，因此才被陈衍称为“学人之诗”（《石遗室诗话》卷二十八）。但陈衍这句话并不是完全的褒义，陈衍实际推崇的是“学人之诗”与“诗人之诗”的结合，也就是学力与性情的融合。

中国社会科学网：有一关于《韵学源流》的具体问题，看到《莫友芝全集》第一册插图有我国台湾学术机构藏稿本《韵学源流》。以前殷孟伦、陈振寰等学者有不同看法、各有论述。你们在《〈韵学源流〉作者考实》一文中据此稿本，以莫友芝为“编著者”更为妥帖。不知道在《全集》中是怎么处理《韵学源流》的。

张剑：多谢您关注到这篇文章，文章虽短，但我觉得把问题基本说清楚了。《韵学源流》收入了《莫友芝全集》第一册，“整理说明”即由《〈韵学源流〉作者考实》一文改写而成，认为莫友芝是《韵学源流》的编著者。

对于该书的评价，我很服膺陈振寰先生在《韵学源流注评》中的说法，概括起来有三点：“它是第一部‘理明事简’的汉语音韵学史……对普及音韵和音韵学史知识，起到了积极作用。”“它最先明确地分古韵研究、今韵研究、反切研究三方面阐述韵学史，对后世音韵学和音韵史的编撰，有一定的影响。”“它在不少地方以提炼旧说和综合评点的方式，提出了自己较有价值的见解。”

陈先生的著述功力深湛，评介公允，我这里就不饶舌了。

中国社会科学网：您一直致力于研究家族文学，与您研究的其他家族相比（如宋代澶州晁氏，常熟翁氏、杨氏等），贵州莫氏家族与中原和江南这些家族相比有哪些特点？

张剑：严格来讲，郑、莫、黎三家的政治影响都无法与宋代澶州晁氏，常熟翁氏、杨氏相比，特别是晁、翁两家，世代簪缨，科甲鼎盛，有不少族人进入朝廷中枢机构任职，是典型的全国性望族。而郑、莫、黎三家，中过进士的寥寥无几，郑家一个都没有，莫家仅有莫与俦一人，黎家稍多，也只有两位，因此从政治上来说，郑、莫、黎三家属于地方性望族。

但是，如果从文化层面看，以郑珍、莫友芝、黎庶昌为代表的三家文化，其贡献和影响却是全国性的，也许这正是文化的魅力吧。随着《郑珍全集》《黎庶昌全集》《莫友芝全集》的陆续出版，我想人们对这三个家族的研究会更加深入，对其文化价值的揭示也将更加全面。

中国社会科学网：今后您在莫氏家族文献整理研究方面是否有新计划？

张剑：我觉得探骊已经得珠，短期内恐怕不会再就莫氏家族文献整理投入精力了。不过，这个家族还有不少东西值得整理，如莫绳孙的日记和书札，虽然他位卑学浅，但如果没有他的精心保存和整理，莫友芝的许多著述恐怕早已散佚，莫绳孙书札和日记中的许多记载，对于研究莫友芝是很有帮助的。而且，风尘小吏的一生，不是更有基层官员生态的代表性吗？

中国社会科学网：前面您提到 2006 年中国社科院文学所与遵义合办的纪念郑珍 200 周年诞辰暨遵义沙滩文化 (国际) 学术研讨会。据您所知，近年来文学所其他学者有什么相关的研究。

张剑：文学所老一代学者中，我知道与贵州联系密切的有两位。一位是我的博士生导师陶文鹏先生，他虽是广西南宁人，但在遵义工作和生活过多年，对那里的风土人情非常熟悉，在贵州有一大批友好；另一位是我的师叔刘扬忠先生，他是贵州大方人，毕节女词人周婉如即是他的外高祖母，刘先生还列过一份贵州词人群体的研究名单，呼吁专家学者投身到贵州文学与文化研究中，他对贵州的感情之深无须多言。文学所新一代学者中，除了我和郑永晓兄写过有关莫友芝的文章，似乎杨早兄 2016 年也受邀到遵义演讲过一次《遵义在近代中国文化中的三次闪亮》，内容较多涉及了郑、莫、黎，其他则未有耳闻。

中国社会科学网：对于贵州继续深入研究莫友芝，以及在地方发展中合理利用“沙滩文化”提高知名度、扩大影响有什么建议？

张剑：“沙滩文化”这个名称，凡使用者均承认源自 20 世纪 40 年代张其昀先生修纂的《遵义新志》，该书第十一章“历史地理”将遵义二千余年的发展历史分为九个时期，第八期即为“沙滩期”，并认为“沙滩不特为播东名胜，有清中叶曾为一全国知名之文化区”。但有意思的是，张其昀先生的“沙滩期”只是一个历史分期，大约是指乾隆后至咸丰九年遵义新城落成这一时间段；而当张其昀先生将“沙滩”视为“全国知名之文化区”时，亦是限定于“清中叶”。这与后来学者对“沙滩文化”的概括有很大的出入。比如黄万机先生认为“沙滩文化”是指清代后期至民国初年出现在贵州遵义县东乡沙滩村落的地域性文化。黎铎先生认为沙滩文化的时段从明末直至 1949 年，空间则至少包括今天遵义市两城区、遵义县、绥阳县、桐梓县的黔北核心区域。

我曾请教过黎铎先生，他说“沙滩文化”一词的发明人应是陈福桐，陈在 1982 年发表的《别有天地在沙滩》一文中，首次使用了这四个字；1986 年黄万机先生出版《沙滩文化志》一书，进一步明确了“沙滩文化”的概念。黄先生是我尊敬的前辈学者，黎先生则是我的朋友。虽有论著致力推广“沙滩文化”这一概念，但就我个人而言，总觉得接受起来有些别扭。一是这个名词已经较大程度脱离了《遵义新志》的历史语境，在学理上不容易说得圆通；二是“沙滩”对于贵州学者接受起来可能比较自然，但对于贵州以外的人则易引起误解，因为它总让人第一时间联想起海边的“沙滩”，从而遮蔽和消解了“沙滩文化”的特指性；从广告心理学上讲，品牌命名也以不用“通俗词”为佳。我个人觉得，既然所有使用“沙滩文化”的学者都承认郑、莫、黎三家是其核心和代表，那么直接用“郑、莫、黎”不也可以吗？如果要讨论某时期的遵义区域文化，就直接用“乾嘉时期遵义文化”“道咸同光时期遵义文化”等不是更准确吗？

至于如何更好地扩大遵义的人文影响力，我想只有站在贵州之外甚至站在全国的高度想问题，才能够真正引起对该区域文化的全国性关注。如果仅仅由当地学者“分蛋糕”，就很难形成全国和国际影响。这就需要当地主管部门敞开胸怀，积极聘请全国知名学者参与到该区域的文化研究和宣传中来。比如我的一个朋友易闻晓教授，对郑、莫、黎都有很深入的研究，他是全国有名的赋家，也是名学者，由他创作的《海口赋》把海南写得气象万千，读后令人神往不已，很好地宣传了当地文化。如果他能为遵义创作一篇《播州赋》或《黔中三先生赋》，一定会“播”在人口，效果可能胜过开一场过眼云烟的纪念会。

当然，遵义在推广区域文化上已经做得相当好，不仅舍得投入，最近还注意建立与全国文化界的联系，他们策划的大型《遵义丛书》即将由国家图书馆和上海古籍出版社推出，这是一项文化上的盛举。

中国社会科学网：在这里请您拨冗介绍下当前在推进的其他学术工作？

张剑：我目前主要从事的学术工作有三项：

一是与徐雁平兄、彭国忠兄齐心协力，编好“中国近现代稀见史料丛刊”，这是我们与江苏凤凰出版社合作的大型文献丛书，以日记、书札整理为主，每年一辑，计划出10辑，前4辑收书45部（73种），已顺利出版，第5辑也即将面世；在此基础上，我可能会申报一项“中国近代日记文献叙录、整理与研究”的课题。

二是目前我承担有中国社会科学院重大项目子课题“宋代文艺思想史”，以此为契机，我想深入考察两宋士大夫的精神发展史，将政治史、文学史和思想史绾合起来，去看看会有什么样的效果。

三是杜桂萍教授主持的国家社科基金重大项目“清代诗人别集丛刊”，我负责的是晚清部分，除了督促课题组其他成员完成任务，我也计划将彭蕴章集整理出来，彭氏是苏州大望族，彭蕴章是与翁心存同时代的内阁大学士，这个家族及其本人绝对值得关注。

（原载《中国社会科学报》2018年6月22日，采访人为记者曾江）

有温度的历史藏在日记中

“日记”文献最早可溯源于西汉时期,此后经宋元两代的发展,至明清时期蔚然大观。晚近以来,大量“日记”的刊行,丰富了研究材料,对文史研究有颇多推进。身为中国社会科学院文学研究所编审、《文学遗产》副主编,张剑先后整理出版《翁心存日记》《莫友芝日记》等清人日记,并和友人一道主编《中国近现代稀见史料丛刊》。最近十年日记阅读和研究升温的背后,他是当之无愧的行动者。近日,《齐鲁晚报·齐鲁壹点》专访张剑先生,请他谈谈历史日记的阅读及整理为何日趋升温,以及近现代日记中那些鲜活而真实的历史记忆。

日记成市场和研究的大“IP”

齐鲁晚报:日记之于史学的重要性,在于有别于官方的另一种历史言说。作为历史研究的“顶级资料,利用日记研究历史已然成为当前史学研究的重要途径”。而我们关注到，近现代日记不仅在学术界，在出版与阅读市场已成为“宠儿”。您能介绍一下目前日记出版和研究的关注点是哪些？

张剑：一般认为，日记起源于西汉，定名于宋代，至清代达到鼎盛阶段。今天留存下来的古人日记，至少有两千种以上，但是日记在市场和学界的迅速升温，还是最近二十年的事。公私馆藏的各种日记陆续影印面世，如学苑出版社影印有《历代日记丛钞》(200 册)，国家图书馆出版社影印有《国家图书馆藏抄稿本日记选编》(60 册)、《上海图书馆藏稿钞本日记丛刊》(86 册)等；而且标点整理也蓬勃展开。

以近现代日记为例，有三大书系值得关注：一是“中国近代人物日记丛书”，此项目从 20 世纪 80 年代开始启动，三十余年来，陆续出版了数十种名人日记；一是《中国近现代稀见史料丛刊》，近五年来，整理出版日记共计 40 余种；三是《走向世界丛书》，其中有 68 人 81 种属于日记性质。

与之相关的日记研究较前也有较大提升和拓展，首先是研究对象的范围有所扩大，原来只集中于名人日记的研究，现在连中小人物的日记也被纳入研究视野，如对山西举人刘大鹏日记的研究，就有 30 余篇论文，英国女学者沈艾娣还据此写了《梦醒子：一位华北乡居者的人生》的专著；其次是研究视角更加丰富，以前的日记研究多集中于史料考据和政治史研究，现在还增添了环境史、地域史、生活史、疾病史、灾难史、经济史、科举史、书籍史、女性史等研究路径，观照更加立体和全面。

齐鲁晚报：20世纪初，梁启超以“新史学”为倡导，批评中国的旧史只知有朝廷而不知有国家，二十四史实为二十四姓之家谱，提出历史研究应重视“匹夫匹妇日用饮食之活动”。与一般正史研究不同。您认为当下日记阅读和研究是否更具个性化？

张剑：人们总是通过了解他者或历史才能更加真切地认识自我和现在。但历史不仅表现为政治史，还可以表现为经济史、文化史、生活史甚至情感史。日记是一人之史，它所呈现的私人化、细节化、现场感等构成了历史一种独特的表现方式，可以形成与宏大历史之间的有效互动。如果说正史提供的是一种主要由后世史官书写的、充满后见之明的宏大叙事，那么日记提供的则是一种当事人所具体感知的个体生命世界，包括大量的生活细节和丰富的情感变化，因而更具原始感和现场感，阅读起来的代入感也特别强烈。我想这是日记吸引人的一个主要原因。当然，阅读和研究日记，还可以适当满足一下自己的窥私愿望。

日记中的清末高官与末代皇帝

齐鲁晚报：具体研究中，有人感慨“时代远者，固多散佚，而时代近者，又少流传”。在浩瀚的资料选择中，您整理的日记对象如翁心存、绍英、何汝霖等多为晚清高官，为何特别关注近代史的“大人物”？

张剑：主要有两方面原因：一是大人物身上所承载的政治、经济、文化信息相对集中、重要，二是他们的日记更多地被保存下来，更容易获得被整理的机会。但这并不是说小人物的日记就没有价值，历史有不同层面，将不同层次、不同人物的观察综合起来，才能获得对历史较为完整和客观的认识。

齐鲁晚报：作为个体生命的写照，日记为读者提供了“一种俯首细看的方式，或者一种贴近近现代社会和文化的文本”。在您研究和整理的诸多日记中，哪位古人的生活细节最触动您？

张剑：翁心存的清廉！翁心存是翁同龢的父亲，官至体仁阁大学士，是晚清朝廷重臣。没有翁心存，很难想象翁氏会有以后的满门鼎盛的局面。现存翁心存日记，记事起于道光五年(1825)，止于同治元年(1862)，在长达三十多年的日记记载中，令人印象深刻的是他总是负债度日，即使是位居一品宰辅、体仁阁大学士后也没有改观。

如咸丰九年九月四日就记载：“房东钟氏索城寓房租甚急，重阳节近，例应催租，自古如斯，不足怪也。惟予服官四十年，无一瓦之芘，性拙于鸠，良可叹耳。”是他生活奢侈、开销巨大吗？非也。据翁同爵回忆，翁心存的朝珠从来没有用过百两银子以上的，而且即使是炎热的夏季，他连可避蚊虫的碧纱橱也舍不得添置。正是因为他仅依赖“工资”收入，又要照顾诸多亲友的生活，才导致生活如此拮据。这点，他在日记中曾有感叹："余性拙谋生，清俸无多……而食指浩繁，日用以此益绌。"翁心存的清廉，真是达到了衾影无愧、屋漏不惭的境界。

齐鲁晚报：通过日记研究，可以对历史的细节进行补充、完善，也可以给予修正、拓展视角。如果日记与大众熟知的历史之间出现了对立，如何进行甄别？

张剑：举个例子，就从《绍英日记》中透露的溥仪与生母自杀等信息，来看溥仪《我的前半生》的史笔和文笔。

溥仪的母亲是荣禄的女儿，与端康皇贵妃关系很好，但在有一次被端康召见后，回家就自尽了。《我的前半生》中对此的解释是：1921 年 9 月，溥仪与端康在辞退御医范一梅的问题上发生了激烈矛盾，端康盛怒之下，将溥仪的祖母和母亲都叫到宫里来，并迁怒于她们，对她们作了严厉的斥责。溥仪母亲个性极强，受不了这个刺激，从宫里回去，就吞了鸦片烟。过了一些日子，溥仪才从弟弟那里听说了母亲的死讯。

但在溥仪的"管家"之一、逊清内务府大臣绍英的日记里，却记载了溥仪当时已经从《顺天时报》中了解到母亲自尽的信息，并因而愤恨端康，甚至有"日后不认此宫"之语。溥仪母亲自尽于 9 月 30 日，10 月 5 日的《顺天时报》第七版以《某夫人死得可怪，含冤而去，九泉下恐不瞑目》登载了此事：清室某王之夫人日前突然逝世，总统曾派荫昌吊唁致祭。乃据所闻，该夫人之死实在有些缘故，且该夫人确非因病身亡，实在是服毒而死。详细调查，与清室某贵人极有关系。某贵人年龄虽稚而位极尊，近来骄傲性成，种种行为，颇不理于人口。或云该夫人之死，因日前教调某贵人，致某贵人反唇相讥，遂一气而辞人世云。

由于溥仪“骄傲成性，种种行为，颇不理于人口”，导致其母气极服毒身亡，这种指责显然是溥仪从情感到心理都很难接受的；因此在撰写《我的前半生》时，他对某些记忆刻意回避、掩饰和做出修改，都是可能的。溥仪是因记忆修改而真的相信了自己的回忆，还是明明记得事实却故意隐讳其说，《我的前半生》为我们留下了饶有兴趣的猜想。

日记研究谨防碎片化

齐鲁晚报：新文化史是近年来中国史学界的一个热点，日记研究在其中扮演什么样的角色？

张剑：日记文献，除少数写给“他者”看，多数具备一定的私密性、微观性，日记可以说是一种微观史和生活史。近年来中国文史学界的热点之一是关于新文化史的研究，新文化史对宏大叙事十分警惕，它喜欢考察普通民众的琐碎生活和日常世界，试图解构历史变化，做出连贯的、规律的、科学的解释。而日记的微观史和生活史性质，使其天然成为新文化史研究者非常重视和喜爱使用的史料。

但这并不是说，近年来的日记热是由新文化史引起的，只能说与其有一定关系。我一直认为是时代的发展，是物质生活的生产方式决定了时代的审美趣味，而并不是外来的某种观念。新文化史正好与我们时代的发展潮流相契合，才会合流一处滚滚向前。日记研究的兴起也是源自内，而非自外流入。当然，这并不意味着我们要排斥新文化史，恰恰相反，其积累的经验和教训足资借鉴，必须充分重视。在日记研究中，既要对新文化史呈现的多样性持欢迎态度，又要警惕其碎片化的倾向，也许只有秉持中庸之道，才是最理性的方式和选择。

齐鲁晚报：目前出版的日记按地域划分，主要集中在文化发达的江南及北京地区，像山东等地的地方性日记，应当如何挖掘其价值？

张剑：山东是人口大省，也是文化大省。山东古人给我们留下了丰厚的历史文化遗产，其中也有不少日记。王学典、杜泽逊先生主持的《山东文献集成》中就收有一些，如韩梦周、彭以竺、丁菊甦、曹申吉、李怀民、李宪乔、丁麟年等，像李怀民、李宪乔是高密诗派的核心人物，其日记的价值可想而知。另外，还有很多山东人士日记藏于全国各大图书馆，其中不乏孤本和珍稀文献，如晚清高密秀才孙凤云的几种日记《游崂纪》《游崂续纪》《辛丁纪乱册》，就藏于中国社会科学院文学研究所普通古籍库。孙凤云的日记记载了崂山宫观建筑、自然风光和人文，还有捻军在当地的活动等，具有多方面的史料价值，值得重视。由于日记多系行草书写的手稿，因此无论是山东本地还是其他地域的日记，想要善加利用和研究，就必须先予标校整理，这也是文献学的一般规律。

（原载《齐鲁晚报》2018 年 9 月 16 日，采访人为尧育飞博士）

日记里有山河　演一遍悲欢离合

《华衮之蚤》是近日由中华书局出版的一本新书，作者是北京大学中文系教授张剑，这是他的国家社会科学基金重大项目“中国近代日记文献叙录、整理与研究”的阶段性成果。书封是明亮的暗金色，像极一袭华美的袍，袍左侧烫印副题：晚清高官的日常烦恼。书中则裹着从日记中淘洗出的时代大人物风光的另一面，这些人物包括何汝霖、季芝昌、曾国藩、廖寿恒、鹿传霖、绍英。

何汝霖归乡葬母，却引来众多亲戚朋友的索取纠缠；季芝昌仕途前景一片光明时，却引疾而归；曾国藩遵祖训“不信医药，不信僧巫，不信地仙”，因己病过重不得已服药后仍然百般自责；廖寿恒亲兄病危，为救兄遍请名医还是无力回天。军机大臣的华衮之下，是和普通百姓相似的日常烦恼，而烦恼的源泉，也和普通人无甚别样。张剑对这些晚清军机重臣所遗存日记的解读，无疑拉近了大人物和普通人的距离，让普通人了解大人物的普通之处，他在自序中说：也许，当“榜样”走下神坛，成为我们身边之人时，人们希圣希贤的勇气反而会大大增加。

和张剑聊天是一件惬意的事，他的博学和亲切让人心神宁定，而他历年来对近代日记的整理和研究情况也慢慢地、有层次地呈现出来。

在日记里看他的情绪，琢磨他的心态是很有意思的地方

张剑对近代日记的研究始于2007年对《翁心存日记》的整理。那时他供职于中国社科院文学所，偶然又必然地进入日记这个题目，一部分原因是他认为自己“才不过中人，不能好高骛远，应该先把一些富有价值的文献最大程度地做好”，而日记是他认为立体推进各方面、真正弥补历史缝隙的文献材料。日记号称百科全书，“总体上来说比较好玩。研究日记，主要还是在情感史和心态史，在日记里看日记主人的情绪，琢磨他的心态，这是我认为很有意思的地方。”

张剑是全国几大图书馆的常客，国家图书馆去得最多，因为它最大。“想和日记主人的生命有共鸣，肯定是要多看，所以有空儿就去，尤其在发现感兴趣的日记的时候，去得更勤。”张剑总说笨人就是要多用功，而我看到更多的是他钻进去之后所获得的乐趣。

张剑最初的学术研究没有直接从经典人物入手，而以社会上的二流人物居多，他形容自己做学问的方法是“农村包围城市”，

“一流人物是超时代，二流人物身上往往有更多的时代真实，那些基层小吏、教书先生、幕府师爷等，他们的日记有时就是浑浑噩噩，张家长李家短，没那么多人文情怀，即使晚清那么大的社会变化，在他们日记里往往没有体现，好像和他们没什么关系。但就像阮籍说的‘裈中之虱’，人去捉虱，虱子就一直向絮缝深处躲，可是真遇上大火，又能躲到哪里去呢？这种苟安也是最真实的人性。”通过日记，张剑想把这些人性最基本的东西抠出来。即便后来张剑的日记研究涉及大人物，他的着眼点仍然落在人性的层面上。

张剑有一批志同道合的朋友，比如南京大学的徐雁平、华东师范大学的彭国忠、中国社科院近代史所的马忠文等。从 2013 年至今，他们一起推动的《中国近现代稀见史料丛刊》已经出版六辑，第七辑将于本月出版，第八辑也已向出版社交稿。据张剑的不完全统计，1840 年至 1919 年的近代人物中，遗存下日记的有 1000 多人，其中的研究空间和价值非常大。

整理过程常常伴有痛苦，有的字迹难认到令人吐血，张剑形容像鬼画符一样，“比如何汝霖日记，说实话很多时候是靠上下语境猜出来的。所以我们不相信找个书法家就能解决问题，书法家进入不了日记语境，不懂这一段历史的话根本就无从猜起。”

整理日记的过程需要较长时间，第一遍的稿本整理只是向电脑里敲字，能认出多少是多少，张剑加入了一个日记书信整理微信群，里面有各个行业的专家，大家经常一起猜字。“最好先不计对错，将日记全部过录下来，如果一开始就细抠，整理很难向前。第二遍再通过上下文理解，同一字在不同位置的出现等，对日记的整体有一个大致的了解和校正。之后再去查找专有地名、人名、涉及的人员等等。”为了能够更好地为更多学者利用，建议做人物索引。“日记的人物索引最好不用页码表示，而是用日期表示，也就是人物出现在哪年哪月哪日。这样做的最大好处是不管日后版本如何变化，你做的索引都是有效的。”

随着丛刊的陆续出版，对日记整理感兴趣的人越来越多，不少人自告奋勇地加入，对此张剑非常理解和欣慰，因为几乎没有人对日记不感兴趣，每个人都是活生生的生命，看了别人的日记之后会产生一种代入感。张剑自己有时常想丢下手头工作去做调查，主要就是“因为太有意思了”。

说到有意思，张剑记起《中国近现代稀见史料丛刊》第八辑中收有著名文学史家谭正璧年轻时的日记，那是谭正璧之子谭箎先生提供的一套日记原稿复印件。“老先生想整理，但是年纪大了，目力不好，于是委托出版社物色整理人选，最后我们委托中国社科院文学所的王润英博士把日记整理了出来。”张剑在谭箎先生提供的资料里还发现一些谭正璧夫人蒋慧频少女时代的日记，他注意到其中一个细节，“谭正璧的夫人写这日记时也就十二三岁，一个小姑娘，她在日记封面上写，‘请勿翻看，但有一位谭先生可看。’我算了一下，当时谭正璧应是二十几岁，所以估计那时候两个人就有好感了。”

最终目标是写一部《中国日记史》

日记整理之外，研究是张剑最重要的工作，他希望用未来 5 年时间，把自己所能见到的每一种近代日记都写出一个提要，“谁留下了什么日记，主要讲了什么事情，都做一个提要，这样的话心里便有了一盘棋。做提要的同时，我也会把日记中有意思的、具有生命感和性情的部分写成小文章，就像一幅幅社会剪影。虽然是副产品，但感染性会比较强。”张剑的最终目标是写一部《中国日记史》，那是他学术上的一个理想。

张剑认为，自清代特别是近代之后，应该说日记记述私人化的东西越来越普遍，“我自己有一种感觉，这种变化和唐宋之际的转型很有关系。唐诗很多时候离日常生活比较远，它是提炼和超脱的。但宋人之后，尤其是清人，文学表现经常落实到日常生活之中。日记也是如此，不再总想着记载什么样的内容才有益于世道人心，比如那些地理考察、读书养身等，而是作为个人生命史的记录，吃喝玩乐和疾病牢骚都进来了，由公转私，距离日常生活也更近了。”

张剑还举了晚清徐敦仁的日记和诗歌为例：“徐敦仁是四川布政使蒋志章幕府的师爷，蒋是江西人，著名诗人蒋士铨的曾孙，带着徐等人去上任，从江西到四川要过三峡，那个时候过三峡非常恐怖，他们的船就翻过两次，因此从徐的日记里你看不到太多浪漫感觉；他写三峡的一首诗，开头结尾都是写实的‘昨日覆一舟，今日覆一舟’。你看和李白的‘两岸猿声啼不住，轻舟已过万重山’是不是两种完全不一样的文学经验表达？”

晚清重臣曾国藩、民国总统徐世昌的日记也很私人化。张剑说，在徐世昌的日记中经常看到的就是每天浇水、插花、散步、练字，时代的重大事件在日记里记载甚简，有的几乎无迹可寻，因为他处理公事的一面不用体现在私人日记中啊。曾国藩的日记也有很多是关乎自身生命的文字。曾国藩无疑是一位“时代超人”，但在他的日记中却处处可见激烈的内心挣扎，“有些事情坚持不下来，比如早起”，他年轻时经常责骂自己睡懒觉，但第二天仍然起不来。即使位极人臣，在江南军务最紧张的时候，他日记竟然不断出现“围棋一局”“围棋两局”，张剑说：“这可能是他唯一自我放松的方式，虽然他经常表示要戒，但第二天忍不住又去下棋。”张剑觉得这也是私人生活史的最大魅力，它真实，能让你身临其境，和自己产生共鸣。

私人日记是最能锻炼历史感、人生感的文献，一页一页、一年一年翻过去，时间的流逝感使宏大历史背景下的日常变得具体和琐细，张剑结合人物的多种文献互相参照，时光的流年碎影便汇成了一道长河。

希望将日记课变成一种教学特色

2018 年 10 月，张剑调至北京大学中文系任教，2019 年春季学期开设“宋元文学专题研讨”和“宋元明清日记研究”两门研究生课程，张剑回忆，有的学生在学习这门课后告诉他，原来不知道古人的日记竟是这样的。张剑告诉学生，古人日记的一个重要功能是记录每天的自我修养，包括德性和知识上的，所以很多日记其实是修身日记和读书笔记。

新学期来临，张剑将为研究生开一门新课——近代稿本日记整理。这门课更接近于张剑自己目前的研究课题。

对于开设这门课的目的，张剑坦言：“首先是想让学生和老师一起练手，这样以后碰到类似的文献不至于跳过去，因为日记中藏有很多有价值的东西；二是让学生接地气，因为做研究，特别是做文学研究，容易走虚，研究日记却可以将文学落实到生活中的具体人，之后再来复盘这个人的文学创作，才能够更好地理解他的作品；三是让学生有出版成果，对学生将来能有所帮助。”

张剑的课程限定为 10 名学生，人数再多无法具体指导，每名学生拟分一种稿本日记做整理研究。这门课还有一个特殊规定，张剑说：“我的其他课都允许旁听，这个课不允许，因为实践性强，无法旁听，而且第一次开这样的课，一切还在摸索中。”现在这门课的报名人数已经超过限定，根据规则，可能要靠自动抽签选人。

到北大任教前，张剑对大学生的水平有一个错误的估计，他认为本科生以学习知识为主，研究水平不会太高。到北大后才发现，有的本科生课堂作业或学年论文居然可以写到几万字，甚至像一篇硕士论文。他惊讶于现在学生的知识结构和能力，同时也提醒自己，要时刻跟上形势。所以以后，日记课也可能会进入本科生的课程中。

2019 年下半年，张剑第一次任教本科生课。因为是第一次，讲得深或浅拿捏不好分寸，张剑觉得自己讲得偏学术一点，对考研的同学有帮助，对一般同学可能信息量有点大。没想到在学期末的学生匿名评分中获得了 90.64 分，张剑说："我知道对于很多老师来说这个分数不算高，但是对于一个新手来说应该算是一个不错的起点，我们的学生很优秀，我会用心琢磨，要对得起他们。"

为什么从社科院文学所到北大教书？这是我的一个疑问，因为相对来说，社科院无疑更适合安静的学问之道。对于这一疑问，张剑笑答："学校是另一个天地，再功利的学生相对于我们也是单纯的。另外自己还是想有挑战，在一个地方时间长了，热情和热度都会降低，但是你永远不知道培养学生会有什么样的结果。"张剑认为自己已经定型，对于未来看得一清二楚，"但也许能培养出超越我几倍的学生。"

目前为止，可能大学课堂上尚无其他人将日记作为一门课开设，至今也没有一部合适的讲义，张剑希望将日记课变成一种教学特色，这也是他在教学上的一个理想。

学生有才，老师爱才

张剑对于学生的期待和爱护在他的课程中可窥一斑。他精心设置的宋元文学专题课别具一格，他将课程分为三部分：三分之一由张剑亲自授课，三分之一学生分组讨论，三分之一外请老师来讲授，外请老师的报酬均由张剑个人课题费中支出，“其实外请老师都忙得很，答应讲是出于情义，谁在乎那点报酬呀，但不多少表示一下心里会不安。”总之，张剑希望在有限的课时之内让学生有更大的获得感，“今年我请了社科院的刘宁老师来讲散文，请北师大的周剑之讲宋诗，清华的李飞跃讲宋词，人民大学的吴真讲戏曲，武汉大学的王启玮讲宋代政治与文学，他们对所讲内容都有专精的研究，从学生的反应可以知道收获非常大。”

张剑二十多年前曾在首都经贸大学任教七年，年轻时记忆力好，给学生讲课时不用看讲稿，现在却有变化。他认为讲课时是否看稿带给学生的气场是不一样的，“我总觉得老师看着稿子讲，学生对你的信任会打折扣，而且会影响课堂整体教学的融入。但现在记不住了，我不要讲稿的话只能在 PPT 上多放字数。”张剑笑着说：“每次做 PPT 时我都觉得有压力，学生总说老师你的字太密了，字密是因为我不想过多看稿。但这是一个生命的衰退过程啊，那是没有办法的。”

第一次教本科生时，张剑告诉学生，“只要认真听课，要挂科其实很难。”他不会给学生出难题怪题偏题，走的是中大平和之路。但有一点他没经验，那就是本科生对分数节点的感受，“60分和61分，84分和85分对于学生意义不同，早知道我会努力帮他们找回这一两分。”他至今对受了些“损失”的学生怀有歉疚。

2019年春季的“宋元明清日记研究”课程结束后，学生交来的作业使张剑震惊，“他们很厉害，很多都够发表水平”。于是征求同学同意，将部分作业编成一本论文集，将于今年年底出版。“算是学生一个成果，也算师生一个纪念。”

令张剑印象特别深的是一位名叫唐娒嘉的博士生，所交课程作业是关于《胡适留学日记》的，颇有学术分量。“她展现出了很好的才气，虽然她是现代文学，我是古代文学，但学生有才，老师爱才。”于是张剑老师将自己获得的一套限套版《胡适留学日记手稿本》借给她使用，还邀请她撰写一部《过渡之舟：〈胡适留学日记〉研究》，预计明年能够出版。“学生在某些领域是比老师水平还高的专家，对于有才华的学生，要相信他们，尽量给他们机会。”

大病之后，后面的所有都是邀天之福

日记读得多了，张剑更多感受到的是个体生命的意义，这也强化了他随性达观的人生态度，“看他们的日记，会觉得人生什么可能性都有，但是要努力，而且心态上要知道，很多时候即使努力了也可能什么都拿不到，所以乐在其中就行了。”

张剑的达观还与他17岁时的一场大病有关。17岁时，他患了格林巴利综合征，又称多发性神经根炎，可以使人的运动神经麻痹。幸亏他家住河南省遂平县医院，父兄都是知名中医，这使他的诊断还算及时。县医院缺少救治条件，他很快被送到了河南省第一附属医院做了气管切开手术，“在那里，我靠呼吸机维持了近四个月，那时候还不是自动呼吸机，需要人工皮球打气，所以我家里很多亲戚都来帮我按过皮球。”

运动神经麻痹，只能等待慢慢恢复，“这几个月，病房里抬走了十几个人，家里人还怕我看到。其实我觉得没有啥关系，没死掉就很不错了，后面的所有都是邀天之福。”几个月下来，张剑的手脚末端肌肉都萎缩了，他却悟到，人的弯路走得多一点，更会知道正确的路多么宝贵。

“我会慢慢积累经验，后面的学生认真带吧。学生有一个好处是年轻，你把人生一些微不足道的智慧和经验告诉他们，尽量帮他们少走弯路、迅速成长，他们也会把青春和活力传染给你，我现在看他们就像看自己的孩子一样。”张剑的孩子也在北大读本科，成绩非常优秀。

张剑说自己一般不爱出来和人聊天，更喜欢安静地躲起来，平时基本在家研究，或在图书馆看书。他觉得选择现在这个职业的好处是没有退休感，以后不教学生了可以自己看书，“我准备将来老了，在图书馆附近租个小房子，没事就去图书馆看看书。一般图书馆附近的风景都不错，看书散步，那不是神仙般的、不假外求的日子么？”

我又问到《华裘之蚤》书名的来历，为什么不是《华裘之虱》？张爱玲这句名言到底说的是蚤子还是虱子？张剑说原来书名就是《华裘之虱》，后来请同事李国华查到张爱玲这篇文章的最早版本是蚤子，就改了。“那为什么大家知道更多的是虱子呢？”张剑说《华裘之蚤》出版后，他又查到张爱玲《对现代中文的小意见》一文，里面说“末句‘虱子’误作‘蚤子’，承水晶先生来信指出，非常感谢，等这本书以后如果再版再改正。”“可能由于张爱玲表达了这个意见，以后这篇文章就多作‘虱子’了。但她最早写的是蚤。”这时张剑好似开玩笑地说：“将来我会在某本书的书名里用上‘虱’字，因为我欠虱子一个交代。”

（原载《北京青年报》2020 年 9 月 15 日，采访文字为记者王勉所写）